鈴木基史著

公認会計士・税理士

わたしは税金

ゆりかごから墓場までの人生にまつわる税金ものがたり

清文社

まえがき

人生いたるところに税金がつきまといます。そこで「税金の知識があればなあ」とか、「税金について知りたい」という声をよく耳にしますが、結局は「どうも難しくてとっつきにくいんだよね」ということになってしまっているようです。

本当に、税金の話が「難しくてとっつきにくいもの」なんでしょうか。せっかくの興味を台無しにしてしまうのは、残念としかいいようがありません。何事も身構えて勉強しても長続きはしないもの。肩の力を抜いて勉強すれば、税金の話というのは本当は「おもしろいもの」なのです。

本書では、ライフサイクルの中で、税金がどのように関わるかをテーマにしています。田中さん夫婦に子どもが誕生し、その子の成長過程で所得税、消費税、贈与税、相続税などなど、周りの人も含めていろんな課税問題が発生——そして最後は孫の誕生で、ひととおりのサイクルが終了、という構成になっています。

余談ですが、岩波新書に「私は赤ちゃん」（松田道雄著）という本があります。昭和35年に発刊された育児書の名著です。授乳や離乳、衣服の調節、夜泣き・下痢・発熱・ひきつけなどで右往左往する新米の母親と父親に向けて、赤ちゃんが対処法を語りかける書き方となっています。
二十歳代でこの本に出会った私は、いつか自分もこういう本を書きたいものと、ずっと思っていました。その後、平成10年1月から13年6月まで、雑誌「納税月報」(納税協会連合会発刊)に毎月連載する機会を得ました。さらにそれから25年の時を経て、このたびようやく単行本化がかないました。

個人にかかわる税金は、すべて網羅したつもりです。全編を通して税金を一人称にし、会話も交えてパパとママに〝税金〟が語りかける口調としています。節税のことも含め、本書で楽しく税金の知識を身につけてください。
最後に、本書の出版にあたっては、清文社の編集第二部長井元仁志様および佐伯奈月様に、現在の世相など貴重なご助言をあれこれ頂戴し、大変お世話になりました。心よりお礼申し上げます。

令和5年9月

鈴木　基史

ライフステージ❶　子どもを育てる（20代～30代前半）　1

ライフステージ❷　マイホームを建てる（30代後半）　55

※ 本書の内容は、令和5年9月1日現在の法令等によります。

ライフステージ❶

子どもを育てる

（20代～30代前半）

第1話

ツヨシくん誕生

医療費控除

「おめでとうございます。３２００グラムの元気な男の子ですよ」
産後、ベッドに横たわり、わが子をながめるお母さん方はみんな、満ち足りた穏やかないい表情をなさっています。新型コロナウイルス禍も平常に戻りつつあり、お見舞い客にも笑顔が絶えません。どこかの国の紛争やテロ事件などから完全に隔離され、病室は平和と希望に包まれています。
「なあ、子どもの名前、ツヨシにしようか」
「田中ツヨシ……元気そうな名前で、悪くないわね。いいんじゃない」

――などと、パパとママがやっています。

いつも明るい雰囲気に包まれている産婦人科の入院病棟は、見るものの目を和ませてくれますね。ミスター〝税金〟も人の子……じゃないけれど、それなりに温かい感情は持ちあわせています。

パパとママの会話が続きます。

「ねえ、入院費用が60万円ぐらいかかるらしいわ」

「ふーん、そうか。入ったところの冬のボーナスが吹っ飛ぶけど……ま、仕方ないか」

「でも、お隣の奥さんに聞いたんだけど、医療費控除というのがあって、税金でいくらか戻ってくるんですって」

「あ、それ、オレも聞いたことあるなあ。病院とかの領収書が10万円以上あれば、その分、税金が戻るらしいな。でも、どうすりゃいいんだろう……」

結婚3年目にして授かったジュニア。ベビー誕生に祝意をあらわし、ミスター税金からもささやかながら、お祝い金をプレゼントいたしましょう。

医療費を所得からマイナス

2人の会話に出てきた「医療費控除」のことを、わたしから少し詳しく説明します。稼ぎ（所得）に対して税金がかかる――このことはみなさん、ご存知ですね。田中さんがもらう会社からのお給料も、税金が天引きしてあります。さて、その税金（所得税）を計算する際、いろいろ差し引くものがあって、これを「所得控除」といいます。

15種類ある所得控除の一つが医療費控除です。本人を含め家族の中で医者にかかった人がいれば、その支払いを所得からマイナスできるというもので、わたしども〝税金〟も福祉には関心を持っているあかし、とご理解いただけばいいでしょう。

医療費控除には10万円の足切り

惜しむらくは、『10万円』の足切りを設けているため、風邪や腹痛ぐらいでは、少々がんばって通院してみたところでその金額には遠くおよばず、結局はヌカ喜びに終わってしまう点です。たいへん心苦しいのですが、この制約をはずすと、還付申告する人が殺到して税務署がパンクしてしまうので、どうかご容赦を。

でも、風邪や腹痛とくらべて、お産の費用はかさみます。10万円の足切りなんて、軽く突破することでしょう。田中さんも、60万円支払うということなら、そこから10万円を差し引いた残り50万円につき、ぜひとも還付申告をお考えください。

還付金額は税率次第

いかほど税金が戻るかは、その人に適用される税率いかんです。所得税の税率は累進性――最低5％から最高45％まで用意されています。なお所得税がかかれば、それに連動して住民税がかかり、その税率は一律10％です。

田中さんの年収は約600万円なので、適用税率は所得税10％と住民税10％の合わせて20％です。ということは、医療費控除50万円の申告で「50万円×20％＝10万円」が戻るという寸法です。ちなみに、奥さんと子ども2人の家庭なら、年収1000万円の人で30％か33％、1500万円で43％と稼ぎの多い人ほど高い税率が適用され、その分、戻る税金も大きくなります。

年明け後なるべく早く還付申告

実際にお金が戻るのは、翌年になってからです。会社からもらう源泉徴収票と病院の領収書に基づき、還付申告の手続きをしてください。振込みで税金が戻ってきます。申告手続きは、今や電子申告（e-Tax）が主流です。国税庁のホームページにアクセスすれば、申告書の記入や申告手順について詳しく説明されています。機械音痴の方は、税務署が開設する相談コーナーに出向かれることです。

なお、期日に関しては若干の誤解があるようですね。所得税の申告期間が「2月16日〜3月15日」と定められているのは、税金を納めるときの話です。還付申告は年が明ければいつでもできます。2月16日まで待つなどといわず、もっと早めに手続きしてください。そうすればお金が戻るのも早くなりますよ。

薬局などの小さなレシートも使える

「そうかあ。10万円も戻ってくるのか。こりゃあ、助かるぞ」

「本当ね。あとで健康保険からも、いくらか戻ってくるってことだし……」

「今年は医療費控除のチャンスじゃないか。ほかに医療費はないの？」

「そうねえ。薬局の領収書とかあるけど、そういう小さい金額はダメなんでしょ」

「いや、今年は既に10万円の足切りを超えてるんだから、あとは領収書を集めれば集めるだけ、効果があるんじゃないか」

お産の年は医療費の領収書をかき集める

田中さん、よくぞ気がつきました。そうです、どうせ控除を受けるのなら、できるだけたくさん受けていただきたい……普段はあまり気にかけない風邪のときの領収書なども、今年はくずかごへポイしないで、ガッチリかき集めることです。

お産の関係でも、入院の時の支払いだけでなく毎月の健診代もありますよね。入院や通院の際の交通費なんかもあるでしょう。突然の陣痛で利用したタクシー代もＯＫです。領収書がないからとあきらめない。そういうのはメモ用紙に日付けや金額を書き出したもので、十分に領収書代わりになりますよ。

❁ その年の支払い分だけが対象

医療費控除の申告で使う領収書は、日付けにご注意ください。たとえば令和５年分の申告なら、領収書も令和５年中の日付けのものでないとダメ。税務署はそこをしっかりとチェックします。

年内に治療が終わっても支払いが年明けなら、残念ながら令和５年分の申告でその領収書は使えません。領収書をかき集めている年なら支払いを年内にすませ、その年の日付けで領収書をもらうことです。それから、翌年に出産があるとわかっていたら、払いを渋って（？）年明けに支払うことですね……ささやかな悪知恵です。

出産一時金は医療費から控除

さて最後に、田中さんには少々耳の痛いことを、お話ししなければなりません。さっき奥さんが、「あとで健康保険からも、いくらか戻ってくるってことだし……」とおっしゃっていました。

「出産一時金」のことでしょうけど、これはお産の費用から引いてください。お産にかぎらず、高額医療費の負担金のように健康保険などから戻るお金は、その分ふところが痛んでないんだから、医療費の金額からマイナスすることになっています。

民間の保険会社で医療保険に入っている人も要注意です。そこでおりる入院給付金とか、傷害費用保険金なんていうのも同じ扱いです。

現在、出産費用は全国平均で約50万円、東京都内の病院だと55万円を超えるようです。しかし少子化対策で、いまや国から出産一時金が50万円支給されます。ですから歯医者での通常の自費診療など、ほかに大きな医療費がなければ、現実には「50万円×20%＝10万円」の還付は無理でしょうね（ゴメンなさい）。

家族分の医療費は1人にまとめる

ついでの話ですが、夫婦共稼ぎの方の場合、節税策の裏技があります。たとえばお二人それぞれに8万円ずつ医療費の領収書があるとしましょうか。正攻法ならそれぞれが医療費控除の申告を行い、いずれも10万円以下だから還付はなし。しかし、別々でなく領収書を一人に集めたら、合計16万円から10万円の控除……ということは、6万円の控除が受けられます。

え、そんなことしていいの、と思われるかも知れませんが、いいのです。生計を一にする親族分はまとめて申告していい、ということになっています。では、どちらにまとめるか——もうお分りですよね。適用税率の高い方にまとめることです。還付額が大きくなります。以上、お詫びの印にささやかな節税策をご披露しました。

出産手当金は控除しない

田中さんには、ぬか喜びでガッカリさせてしまい、本当にゴメンなさいね。とにかく入院費用だけでなく、今年お二人にかかる医療費の領収書をかき集めて、少しでも多くの医療費控除が受けられるよう、チャレンジしてみてください。

あ、それからついでの話ですが、奥さん自身が健康保険に入ってたら、出産一時金と一緒に「出産手当金」をもらうことがありますが、これは医療費からマイナスしません。出産費用の補助ではなく、休業中の給与の補てん金ですから、これはもらいっ放しでいいですよ。

じゃあ田中さん、ツヨシくんの健やかな成長をお祈りします。

第2話 ツヨシくんの七五三

贈与税

「ほう、そうか。もう七五三か」

「ええ、今度のお誕生日で3歳ですよ」

「そうか……よし、ちょうどいい機会だ。決めたぞ」

「何がです？」

「ツヨシの名前で、預金をしてやろう」

田中さんちのツヨシくんも、もうすぐ3歳。そこで11月15日に七五三のお祝いをするという連絡が、おじいちゃんとおばあちゃんの家に入りました。目の中に入れても痛くない孫のためです。おじいちゃんはプレゼントを奮発するつもりでいます。

⁂ 110万円を超える贈与には贈与税

ただし、子どもや孫へのプレゼントで、まとまったものを渡すときはお気をつけください。ミスター〝税金〟といたしましては、贈与税に関するご注意を申し上げざるをえません。

贈与税の基礎控除額は『110万円』です。お金にかぎらず、年間110万円を超えるものをもらえば贈与税がかかります。おじいちゃんがツヨシくんの名義で預金をする際、110万円までなら税金の心配はいりませんが、それ以上に奮発するときは贈与税をお納めいただきます。

⁂ 贈与は契約である

世の中、相続税対策を兼ねて子どもや孫に、毎年コツコツ贈与している人がいます。もちろん贈与するのは結構ですが、相続税の調査でトラブルの発生することが、ままあります。相続人側は生前に贈与されたお金だから、相続税の申告には含めない。ところが、税務調査で〝名義借り〟とみなされ、結局、相続税を払わされるというケースが、遺憾ながら頻発しています。

贈与は契約である――この言葉を肝に銘じてください。おじいちゃんが孫名義でせっせと預金しても、それだけでは贈与になりません。相手がそれを受け取ってこその贈与です。つまり、「あげます」「もらいます」と双方の意思が合致してはじめて、贈与が成立します。

幼児なら親が代わりに受け取る

「あげた」「もらった」ということを、後日の相続税の調査で証明できるかどうか、これが生前贈与の最大のポイントです。

相手が3歳の子ども……これでは「もらった」という意思表示など、できっこありませんね。でも、ご安心ください。その場合、親権者たる親が子どもの代わりに、「頂だいします」といって受け取っていれば結構です。

贈与の証明への配慮

肝心なのは〝贈与の証明〟ですが、たとえば次のような場合はいかがでしょうか。

九州に住んでいるおじいちゃんが、生まれてからずっと東京に住んでいる孫に贈与しようと思い立ち、自分の預金先の近所の銀行へ行って、孫のために110万円の定期預金をしました。ハンコは自分のと同じ、銀行からの案内先も自分の住所で届け出て、持ち帰った証書は自分のものと一緒に自宅のタンスにしまい込む……。

お察しのとおり、これでは相続の際、完全に相続財産に取り込まれると思います。何がまずいかというと、まず、ハンコが自分のと同じという点が致命的です。最低でも、ハンコは別にしていただかなくっちゃ。それから近くの銀行で、などとお手軽なやり方もダメ。上京したおりにでも孫の家の近くにある銀行で、親権者の息子や娘に孫名義の預金口座を開設してもらってください。

❀振込み手続きで贈与の証明

手順としては、おじいちゃんがまず孫名義の〝普通預金〟口座に110万円を振り込む。現金入金ではダメですよ。振り込むことで、通帳に振込み人のおじいちゃんの名前が記録され、これが贈与の証明になります。

次にそこからお金を引き出して、定期預金なり何なりになさってください。そして、通帳とハンコは親権者たる親に渡すことです。それはちょっと……と渋る方は、親に預金した旨を告げたうえで、代わりに〝預かっておく〟としましょうか。

でも、預金利息をおじいちゃんが使ってしまうなんて、ゆめそのようなことのありませんように。

あえて贈与税を払う

さて、いま申し上げた手順が面倒だとおっしゃる方には、『110万円』の非課税枠にこだわらず、あえて110万円を超えた贈与をお勧めします。

110万円を超えたら贈与税がかかるじゃないか……もちろん、そのとおりです。でも、贈与税がかかるということは、贈与税申告書を提出できる（！）ということ。つまり、申告書の控えに税務署の受付印をもらい、これを大切に保管しておいて、後日、相続の際に贈与の証明に役立ててください。

たとえば、111万円を贈与すれば、税金がかかるのは110万円の基礎控除を引いた1万円——税率は10％で税金はわずか1000円なり。贈与証明の手数料と考えれば安いものでしょ。

年月をかければ億単位の贈与も可能？

でも、もし本気で相続税対策を考えている人だったら、そんなみみっちいこと言わないで、どうせならもう少し張りこんで贈与してみてはいかがでしょう。

ここで考慮すべきは贈与税の税率——最低税率の10％がどこまで使えるかです。税率をかける対象額を課税価格といいますが、その額が200万円まで10％。つまり、基礎控除の110万円を加え、年間310万円までの贈与なら、最低税率ですみます。

相続人が妻と子ども2人で、さらに子どもには2人ずつ孫がいる人なら合計7人に、10年間でじつに310万円×7人×10年＝2億1700万円を最低税率で贈与できます。

連年贈与にご注意

ただし、年月をかけて贈与する場合、〝連年贈与〟の取扱いにご注意ください。そもそも最初に、1人あたり3100万円ずつ贈与しようとする意図があった。それを10年間かけて実行した、と認定された場合の話です。

この場合、贈与金額はあくまで3100万円。ならば、税金はそれに対して1000万円強かかる、ということになってしまいます。当初に3100万円を贈与する考えがあったのなら、そのように課税せざるをえません。

でも現実には、他人の心の中をのぞき込むなんて不可能です。贈与の時期や金額が毎年違っていれば、連年贈与と認定するのは難しいでしょうね。

贈与金額　　基礎控除　　課税価格
3,100 万円－ 110 万円＝ 2,990 万円

2,990 万円× 45%－ 265 万円＝ 1,080 万 5,000 円

贈与税の速算表（特例税率）

課税価格	税　率	控除額
200 万円以下	10%	―
400 万円以下	15%	10 万円
600 万円以下	20%	30 万円
1,000 万円以下	30%	90 万円
1,500 万円以下	40%	190 万円
3,000 万円以下	45%	265 万円
4,500 万円以下	50%	415 万円
4,500 万円超	55%	640 万円

（注）この速算表は、父母・祖父母等から 18 歳以上（その年の 1 月 1 日現在）の子・孫等が贈与を受ける場合に適用されます。それ以外の場合は、「一般税率」が適用されます（第 30 話参照）。

生前贈与に関し相反する2つの見方

最後に、贈与税に関して最新の情報を提供します。

〝生前贈与〟に関しては、２つの見方（考え方）があります。一つは、65歳以上の高齢者に偏在する預貯金等を、なるべく早く若い世代に移転させたいという思いです。消費を喚起してわが国経済の活性化を図るうえでも、50代以下の方たちにもっとお金を渡すべきです。経済活動が低迷しているなか、給料アップは望みがたいのが現実です。親や祖父母からの資金援助が不可欠です。その動きを〝贈与税〟が邪魔してはなりません。

ただし、もう一つ考えなくてはならないのが、金持ち・貧乏の不平等を、できるだけ生じさせないという点です。資産家が毎年１１０万円のコツコツ贈与を続けて億単位で財産を減らし、

相続税の節税を行うという状況が、社会正義の観点からはたして正しいことなのか。一般人の立場に立って、こうした行動を招く税制は差し止めるべきではないか。

暦年課税から相続時精算課税制度に移行

以上2つの観点から、相続・贈与税制をこれから次のようにしようと考えています。

① 年間110万円の基礎控除を利用した贈与の行き過ぎを規制する。

これまでは相続が発生したとき、過去『3年』内に贈与したものは相続財産に加えることとしていました。それを令和6年1月から『7年』内とし、経過期間を経て令和13年1月以降の相続から完全移行します。

② 相続時精算課税制度を推奨する。

従来からある制度ですが、60歳以上の父母・祖父母が18歳以上の子・孫に贈与するとき、2500万円まで贈与税を非課税とし、将来の相続時に相続財産に加えて相続税で課税する、というものです。あ、60歳や18歳と言ってるのは、その年の1月1日現在で、ですよ。

この制度に関して、令和6年1月から110万円の基礎控除を設けます。

届出をしてこの制度を選択したら、今後は年110万円を超える贈与をしたとき、110万円を超える部分を相続財産に加えていただきます。

要するに、通常の暦年課税から相続時精算課税制度に移行していただく、ゆくゆくは精算課税制度に一本化するのが狙いです。

第3話

家族で外食

消費税

「ツヨシちゃん、何にする？」

「ハンバーグ！」

田中さん一家、今日は家族で外食です。ご近所の洋食屋さんに来ました。ハンバーグ、海老フライ、コロッケ、ビーフシチュー、オムレツ、グラタン……みんなの大好きな洋食の定番料理がメニューに並んでいます。

「オレはビールから頼もうかな」

パパは飲む気まんまんです。

「――でもねえ、食事のあと領収書を見て、いつも思うんだけど……」

と、ママは何やら気がかりな様子。

「たとえば1万円の食事代が、必ず10％増しになってるのよねえ」

「ああ、消費税だな」

「1000円増しは大きいわ……」

買い物代が必ず10％増し

ご家庭の主婦にすれば気が重いでしょうねえ。今は買い物したとき必ず、10％か8％の消費税が上乗せです。

平成元年の消費税導入から、30数年が経ちました。当初3％の税率が、その後、5％、8％、10％と引き上げられました。1％の引上げで2兆円の税収増となり、いまや消費税の税収は年間20兆円を超えています。

国税収入の合計がおおよそ年65兆円強ですから、消費税収はその約3分の1を占めます。でもヨーロッパでは、消費税率10％どころか20％前後が普通で、福祉国家のスウェーデンやデンマークなんて25％ですよ。わが日本国も今後、ツヨシくんが大きくなっていくにつれ、さらなる税率引上げで、そのウエイトがますます高まっていくのは必至です。

消費者から預かった税金を業者が納める

と、まあ、のっけから脅かすようなことを申し上げて申し訳ない。でもここで大事なのは、その現実を直視した上で、消費税なるものの正体をきちんと見極めることです。

お商売をなさっている人はある程度わかっていても、一般消費者の方は、買い物代に〝10％上乗せ〟ぐらいの知識しかないでしょうね。それでは困ります。ここでミスター〝税金〟からご教授しましょう。

たとえば、商品がメーカーから卸売業者、小売業者、消費者へと流れるとしましょうか［下図］。

最終的に、消費者は小売業者から１５００円で購入するとして、そこに消費税が10％で１５０円上乗せされます。消費者にとってはそれだけのことですが、小売業者は、消費者から〝預かった〟税金を、

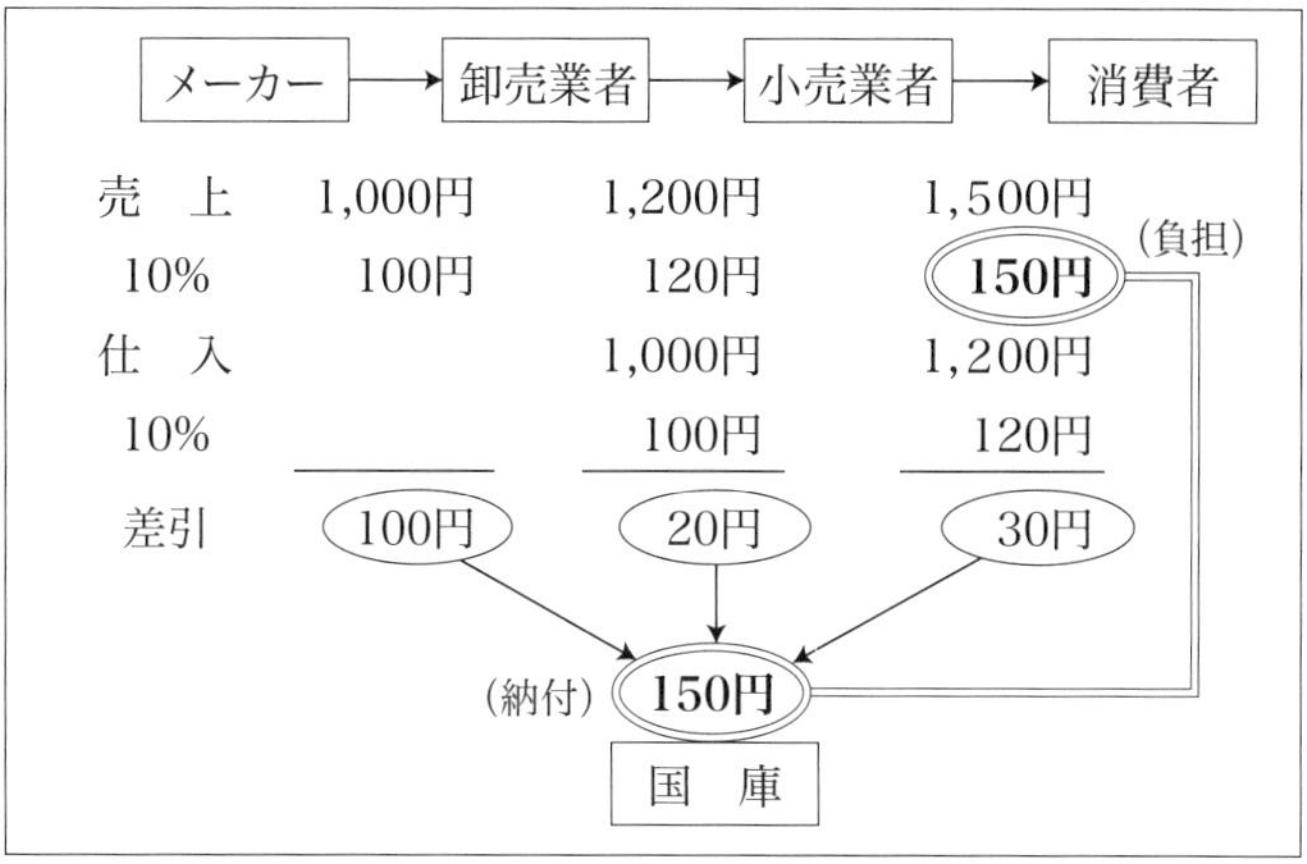

代わりに税務署に納める、という話が出てきます。

立て替えた消費税を控除して納税

おっと、納める金額は150円ではないですよ。小売業者は卸売業者から1200円で仕入れていたので、そこに120円の消費税が上乗せされています。この120円って、小売業者にとっては〝立替払い〟なんですね。お客さんに売るためにその商品を仕入れた。そこにかかってる割増しのお金ですから、本来、それはお客さん自身が負担すべきですよね。結局、小売業者は150円−120円＝30円を納めることになります。

売上高×10％−仕入高×10％＝納める消費税額

流通段階を合計すれば消費者負担の全額が国庫に入る

同様の話が、その取引の前段階でも出てきます。卸売業者はメーカーから1000円で仕入れ、それを小売業者に1200円で売っています。仕入れの消費税が100円、売上げの消費税が120円ですから、卸売業者が税務署に納める消費税は、120円−100円＝20円。

その前段階で、メーカーが1次加工、2次加工、3次加工とあるでしょうけど、全社合計で

100円の消費税を納めます。そうするとどうでしょう、消費者が負担した150円の消費税は、流通段階の全事業者から同額で国庫に納まります。どうです、うまいしくみを考えたもんでしょ（エッヘン）。

納税しない事業者はどうなる?

「しかし、ちょっと不思議に思うんだが……この店って、消費税を納めてるんだろうか」

「え、どういうこと」

「会社で経理やってる同僚に、売上げが1000万円以下だったら、消費税を納めなくていいと聞いたような……」

「え、そうなの。このお店は知らないけど、近所の小売りのお店って、売上げが1000万円もないところ多いんじゃないかしら」

「うーん、そうなると、われわれが負担した消費税は、どうなるんだろう」

現実にはすべて国庫に入らない

うーん、そうなんですよ、田中さん。この税金のしくみの最大の弱点は、そこなんですね。消費税の計算や申告って、結構ややこしいんです。そこで、年間売上高が1000万円以下の零細企業を免税事業者にして、消費税を納めなくていい、ということにしてるんです。あ、もちろん、法人税や所得税は納めていただきますよ。

でもそうなると、メーカーから小売業者までの間にそういう事業者がはさまってると、お客さんから預かった消費税が国庫に入らない。最終消費者の負担したお金がその事業者の手元に残ってしまう、という現象が起きます。〝益税問題〟といって、よく話題になることがあります［下図］。

事務処理が面倒なのでお目こぼし

1000万円の売上げなら10％で100万円——そこから立替え分の税金を差し引けば10万円、20万円の金額だからまあいいか、ってことなんですけどね。消費税の導入時は3000万円基準でスタートしました。だけど、消費者に益税への不満が高まって、それから事業者のほうも事務処理に慣れてきただろうということで、平成15年度の改正

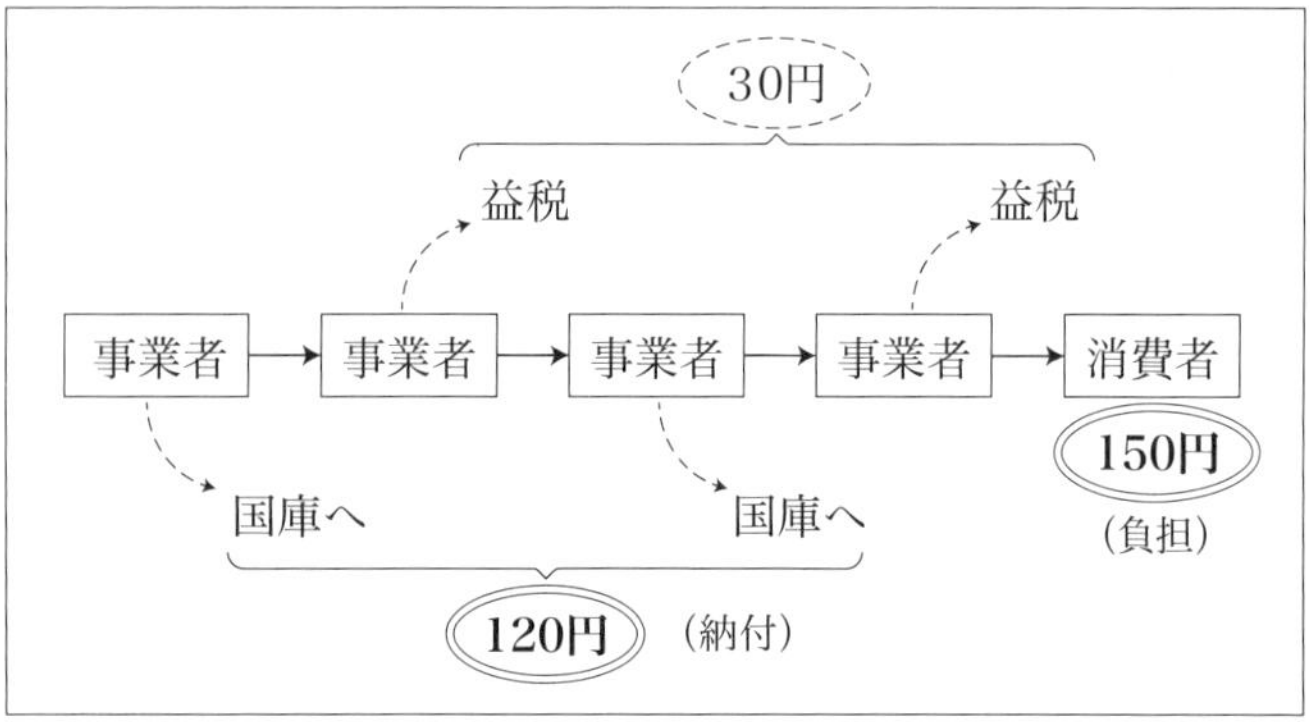

で免税点を1000万円に引き下げました。

簡易課税でも益税が発生する

あと、もう一つ「簡易課税」による益税問題もあります。何かというと、「売上高×10％－仕入高×10％」の消費税の計算でやっかいなのは、仕入高の集計です。消費税の計算でいう仕入れは、商品仕入れだけじゃありません。各種経費の支払い、固定資産の購入……と、いろんなものが仕入れの概念に入ってきます。決算書を見て、ささっと計算できる数字ではないのですよ。

大企業はともかく、中小企業では人手不足もあって、とても対応できません。そこで年間売上高が5000万円以下の企業には、簡易計算を認めています。

どうするかというと、まず世の中の事業を6業種に分類し、業種ごとに〝みなし仕入率〟を定めています。そして売上高に対する仕入高の割合を、卸売業は90％、小売業は80％という具合に一律決めています。これを使って計算すれば消費税の金額が簡単に求まります。

〈小売業の場合〉

売上高×10％－売上高×80％（みなし仕入率）×10％

＝売上高×（１－80％）×10％

＝売上高×20％×10％

＝売上高×２％（納める消費税額）

益税問題はいつまでも残る？

うまいこと考えたつもりなんですけど……しかし、この簡易課税にも問題がありましてねえ。たとえば、小売業のみなし仕入率は80％ですが、実際の仕入率が70％、つまりマージンが30％だとすれば、本当は30％分の消費税を納めなければならないのに、簡易課税制度を使えば20％分の消費税で済み、その差10％分は事業者の手元に残ってしまいます。

最初はこの制度を、売上げ５億円からスタートしました。だけどそれでは益税の金額が大きすぎるので、５億円→４億円→２億円→５０００万円と徐々に引き下げてきました。

公平な税負担の観点からこういう制度はなくすべし、とわかってはいるのですが、中小企業の事務処理負担を考慮すれば、これもやむなし、といったところです。

せめてもの田中さんたち消費者のために、みなし仕入率を実際の仕入率に近づける努力を今後も継続するのが、ミスター税金に課せられた使命だと思っています。

第4話 ツヨシくんが小学校入学

保険と税金

「200万円の保険で、保険料が月1万3000円だそうよ」

田中さんちの食卓で、ママがパパに話しかけています。

「ふーん」

「18歳が満期だから、大学の入学資金がこれでまかなえるわ」

「うーん、そのぐらいは用意しとかなきゃなぁ――しかし、保険料はどうやって払うんだ?」

「カンタンよ、パパがたばこやめればいいわ」

「おいおい……」

ツヨシくんの小学校入学を来年に控えたある日のこと、某保険のセールスマンが〝学資保険〟のパンフレットを置いていきました。親が契約者で子どもを被保険者にして、18歳で満期が到来する保険のお誘いです。

満期保険金には所得税

学資保険には入院特約や傷害特約の付いているものもあり、生保各社も力を入れているようです。保険にかぎらず子どもをターゲットにした商品には、根強い人気がありますね。

さて将来、満期で保険金がおりれば、そこには所得税がかかります。といっても税金を納めるのはお父さんで、ツヨシくんではありませんよ。なぜなら、この保険の〝契約者〟と〝受取人〟は、ツヨシくんのパパだからです。パパがお金を出し、満期が来てプラスアルファのお金が本人に戻るのですから、それはパパ自身にとっての所得です。

保険金は一時所得

200万円もの保険がおりて、いかほど税金がかかるものやら……少々不安が募りますが、ご安心あれ。所得とは〝もうけ〟のことで、200万円まるまるがもうけではありません。

6歳で保険に加入して18歳になるまで、ざっと185万円の保険料を払い込まねばなりません。185万円払い込んで200万円が戻るということなら、もうけは差し引き15万円です。

保険金のようにたまたま入るお金を、「一時所得」といいます。ほかにクイズの懸賞金なども同じ扱いですが、こういう所得は税金面で優遇されています。もうけから特別控除の50万円を差し引いて、その差引き額をさらに半分にした金額に対してのみ課税します。

ほかの所得と総合して課税

つまり、200万円コースで加入する分には、15万円のもうけから50万円差し引くと、マイナスになりますから、税金の心配はご無用です。

だけど奮発して、もっと高額のコースに入るとそうもいきません。保険金が800万円なら、所得の計算はこうなります。


保険金800万円－払込保険料740万円－特別控除50万円＝一時所得10万円

この差引き10万円の半額、つまり『5万円』をほかの所得と合算して税額を計算します。所得税は累進税率ですから、高額所得者ほど税金が高くつきます。ツヨシくんのパパは年収600万円のサラリーマン。そうすると所得税の税率は10％ですみますから、「5万円×10％＝5000円」が800万円の保険金にかかる税金という計算になります。

ヘタなかけ方だと117万円の税金

さてここで、とても大事なお話をしますのでご注目あれ。ヘタな保険のかけ方をすると、800万円に対する税金が5000円どころか、117万円になってしまいます。

保険をかけるとき、〝受取人〟をだれにするか、この点にはくれぐれもご注意ください。さきほどからの話はすべて、受取人が「ツヨシくんのパパ」になっている場合です。もしも受取人がツヨシくん自身、あるいはママになっていれば、117万円の税金がかかってきます。

なぜなら、パパがかけたお金をほかの人が受け取ると、贈与になってしまうからです。契約者と受取人が同じなら所得税の課税ですみますが、これが食い違えば贈与税の出番です。

贈与税の計算には必要経費がない

贈与税は大変高くつきます。200万円の保険金でも9万円（4・5%）、300万円なら19万円（6・3%）、500万円で48万5000円（9・7%）、800万円で117万円（14・6%）と、贈与の金額が増えれば加速度的に税額がふくらんでいきます。

所得税とくらべて税額がかさむのは、「必要経費」がないからです。そもそも相続税や贈与税のような財産課税の税金には、必要経費なる概念がありません。受取り額がまるまる課税対象です。

契約者と満期受取人が異なる保険契約――そんな入り方をしないよう、くれぐれもご用心あれ。

同一年に満期日が重ならないように

ついでの話ですが、子どもや孫たちに何口も保険をかける人がいますね。その場合に、各保険の満期日が同じ年に集中しないように注意してください。さきほどいったように、保険金は一時所得で、他の所得と合算して累進の税率が適用されます。

200万円の保険を10口かけているとき、それぞれ満期が別の年に到来すれば、たぶん税金はかからないでしょう。ところが、すべて同じ年に重なってしまうと、2000万円に対する所得計算で、かなりの税負担になってしまうかもしれません。

保険料相当額を子どもに贈与

最後に、親が保険料を負担する、だけど満期保険金は子どもの手に渡したい、という人に向けたアドバイスです。

とはいえ何度もいうように、契約者が親で受取人が子ども、なんていう保険の入り方は最悪です。そういうことをされると、われら〝税金〟としては贈与税でガッポリ課税せざるをえません。

ここは発想を変えて、保険料自体を子どもに贈与することを考えてみてはいがでしょう。保険の契約者には年齢制限があるので、以下は学資保険ではなく、成年の子どもを対象とした保険のお話です。

ご存じのとおり、贈与税には年間110万円の非課税枠があります。そこで、この金額以内の現金を子どもに贈与し、子どもが契約者となって保険料を払い込むという戦法です。

現金贈与の痕跡を残す

通常の保険なら、年間の保険料は110万円以内に納まるはず。さすれば子どもに贈与税はかかりません。でもこの場合、親が直接、保険会社に保険料を払ったらダメですよ。子どもに現金を渡している痕跡を残しておいてください。子ども名義の口座に親が振り込む、といった配慮が必要ですね。

それから当然のことながら、親の所得税の確定申告で「生命保険料控除」の適用を受ける……なんてことのありませんように。

第5話 自動車泥棒

雑損控除

「へぇー、車が盗まれた……」

「警察には届けたけど、まず望みはないそうよ」

「しかし、夜中に車庫から盗んでいくとは、乱暴な話だなぁ」

「新手の窃盗団なんだって。うちも気をつけないと」

田中さんちのご近所で、車の盗難事件がありました。ご主人の通勤用に、最近買ったばかりとのこと。ローンがまだ100万円以上残っていて、ご本人はガックリなさっているそうです。

それにしても、けしからん輩《やから》ですね。わたくしども〝税金〟も憤りを感じます。多少なりともご落胆を和らげるため、そういうときには手を差しのべることにしています。

災害・盗難・横領にあうと税金が戻る

所得税の計算で「雑損控除」というのがあります。雑損とは〝災害・盗難・横領〟による被害のことです。こうした目にあった人はお気の毒ですから、納める税金を安くすることにしています。

よく似た被害に〝詐欺《さぎ》〟がありますが、詐欺にあった人にはこの恩典はありません。だって詐欺にあうような人は、多少ともヤマっ気があったわけでしょう。振り込め詐欺などは別として、詐欺にあったから税金をまけてくれというのも、おかしな理屈ですからね。

還付されないモノもある

さて、自分の持ちモノが被害にあったらこの恩典が受けられるわけですが、モノによっては受けられない場合もあります。「日常生活に必要のないモノ」はダメ、ということになっていますからご注意ください。

たとえば、住んでいる家が火事で焼けたときは、もちろん恩典の対象になります。ところが、別荘ということになると、日常生活には必要ないわけですから、お気の毒ながら税金は戻らない、という具合です。

車は生活に必要か？

田中さんのご近所の方の場合、この恩典が受けられるかどうかは、まず、その車がその方の生活にとって必要だったかどうかです。通勤用だからいけるんじゃないか、ということですが……次のようなことをいう、小うるさい人も税務署にはいます。

田舎ならまだしも都会に住んでいれば、通勤の足は電車やバスがあるじゃないか。その車は通勤にはほとんど使わず、レジャー用だったんじゃないの……だったら恩典はダメ。

だけど、仮にそうだとしても、衣食住だけの生活なんてむなしい。息ぬきなしの生活なんてありえないのだから、たまにレジャーで使おうが、やっぱり車は生活に必要。いまや下駄代わりの存在になっている車を別荘と同列に論ずるのはおかしい、という理屈の方がまともだとわたしは思いますがね。ま、税務署へ行って交渉してみてください。

損失額の計算方法は？

「ふーん、雑損控除で税金が戻るのね」

「あの車、２５０万円ぐらいかなあ。いくら戻るんだろう？」

「ねえ、うちの車、もう古いんだから……いっそのこと、だれかに持っていってもらえば。そうすれば戻ったお金で、新しい車が買えるじゃない」

「お、そうするか」

いま現在の値打ちが損失額

ちょ、ちょっとお待ちください、田中さん。世の中、そんなに甘くはありませんよ。ご近所の方の場合、いかほど税金が安くなるかといえば、こういう計算です。

まず、〝損失額〟はいくらか――250万円ではありません。昨日買ったばかりならいざ知らず、乗っている間に値打ちは下がりますよね。〝減価償却〟の計算をしますが、たとえば、新品で250万円だった車でも、1年間使えば200万円ほどの値打ちになり、これが適用対象の損失額です。

さらにそこから、その人の年間所得の1割相当額を差し引いた金額が雑損控除額。たとえば、年収600万円のサラリーマンなら給与所得の金額が約440万円で、その1割の44万円を200万円からマイナスします。つまり、雑損として控除できるのは「損失額200万円－所得金額440万円×10%＝156万円」です。

税率分だけ還付

さらにその続きの話として、戻るお金は156万円ではありませんからご注意を！　お返しするのは雑損失の金額に対する、その人の税率分だけです。たとえば、さきほどの年収600万円のサラリーマンなら税率は10％ですから、還付する所得税は「156万円×10％＝15万6000円」なり。あと、住民税にも雑損控除の適用があります。やはり税率は10％で15万6000円の節税になりますが、こちらは還付ではなく、翌年に納める税金がそれだけ減るという話です。

200万円の損失に対して援助額が約30万円……不十分かもしれませんが、わたくしどもにとって精一杯の努力です。

高額所得者には適用なし

ところで、税率分だけ還付、ということになると……所得が1800万円以上の高額所得者なら、国税（所得税）と地方税（住民税）を合わせた税率が50％（4000万円以上なら55％）なので、「156万円×50％＝78万円」が戻るのかといえば、さにあらず。

さきほどの雑損控除の計算を見直してください。損失額から所得の1割相当額を控除、ということでしたね。ということは、車を盗まれた人の所得が2000万円以上あれば、200万円を損失額から差し引かねばならず、そうすると雑損控除額はゼロで、還付はありません。お金持ちの人には、雑損控除の適用はご遠慮いただくことになっています。

保険金が出てたらダメ

あ、それからもうひとつ、この特例でご注意いただくのは、保険に入っていなかったかということです。たいていの人がマイカーに保険をかけるでしょうが、ここで問題となるのは「盗難保険」に入っていたかどうかです。

もし入っていれば、盗まれても損害は保険金でカバーされますから、当然のことながら税金は戻ってきません。そうでないとき、必要書類を整えたり、税務署で事情説明したりとか、ひと苦労あろうかと思いますが、該当する方はぜひこの恩典をご利用ください。

ところで田中さん、買ってから数年経った車は、ほとんど値打ちがありません。だから、この恩典を使って新車に乗り換えるだなんて、不心得なことは考えないでくださいよ。

空飛ぶ自動車に雑損控除？

最後に、いまや電気自動車が主流となりつつある時代です。さらに再来年（令和7年）の大阪・関西万博では、空飛ぶ自動車が登場するとか。さてそこで、こうした自動車が盗まれたとき、雑損控除は適用されるのか。

電気自動車はともかくとして、空飛ぶ自動車が「日常生活に必要」とはとても思えません。そんなぜいたく品に、果たして税務署が雑損控除を認めるかどうか。

さらには、そういう高額商品を購入できるのは、億万長者に決まっています。先ほど述べたように、所得の10％の足切りがあります。年間所得が数億円の人なら、損失額から数千万円の控除―いくら何でも、そんなに大きな損害とはならないでしょう。よって、空飛ぶ自動車で雑損控除が適用される事案など、現実には起きないと思いますよ。

第6話

母校が甲子園に出場

寄附金控除

「5万円も、寄附するの？」

「いいじゃないか。50年ぶりなんだぞ、50年ぶり……オレも鼻が高いよ」

田中さんちのパパの出身高校の野球部が、夏の全国大会に出場することになりました。もちろん、あの甲子園にです。

「パパも野球部だったの？」

ツヨシくんが、まぶしそうにパパを見上げています。

「いや、パパは応援団さ。よく応援に行ったけど、いつも予選の1回戦コールド負けで……いつの間に、そんなに強くなったんだろう」

「推薦入学で、野球の上手な子を集めたんでしょ。でも、本当に5万円も出すつもり？」

「大丈夫、だいじょうぶ。寄附したら、税金が戻ってくるってことだし……」

寄附金控除の適用は？

今年の夏休みは楽しみですね。今年（令和5年）の春、ＷＢＣの開催で日本中が盛り上がりました。ツヨシくんもそれに触発されて、友達と野球を始めたみたいだし、親子で甲子園に通うとしますか。でも田中さん、税金が戻るという話は、残念ながら望み薄ですよ。

「寄附金控除」のことをおっしゃってるんでしょうが、これは寄附したお金から２０００円を引いた金額分だけ所得を減らして、その分税金が安くなるというものです。

5万円寄附すれば、２０００円を引いた4万８０００円だけ所得が減ります。パパの所得税の税率は10％なので、確定申告すれば「4万８０００円×10％＝４８００円」の税金還付……こういう具合にいけばいいのですが、そうは問屋がおろしません。

寄附する相手が問題

寄附すれば税金が安くなるという話も確かにありますが、それは寄附する相手しだいです。

近所のお寺に寄附したり、町内会の盆踊りや運動会に金一封を包んで渡したとしても、まず対象外です。

節税になる寄附は、国や地方自治体・特定の公益法人など、限られた相手に対するものだけです。公立はもとより私立の学校も、一応はこれに含まれます。でも、各種学校などはダメだし、あるいは子どもの入学に際して行う寄附金も、純粋な寄附じゃないからダメ、などと口うるさく制約を設けています（ゴメンなさい）。

後援会への寄附はダメ

こう説明してくると、じゃあ田中さんの出身高校は、私立ながらキチンとした学校だから大丈夫、といわれそうですが、ちょっと待ってください。

田中さんの場合、寄附する先は学校そのものじゃなくて、後援会か何かじゃないですか。たとえ学校自身で集金しているとしても、寄附金控除の対象はあくまで、授業に関係したことに使うための寄附だけです。そんなわけで、今回の寄附については諦めていただくしかないようですね。

寄附する先へ問い合わせる

もし、それでもとおっしゃるなら、田中さん、一度寄附する相手方に問い合わせてみるのもいいでしょうね。寄附金控除を受けるには確定申告が必要ですが、その際、寄附金の領収書をつけて出さねばなりません。

節税になる寄附だったら、領収書に「確定申告でご使用ください」というようなことが書いてあるはず。学校に対するものに限らず、寄附金控除の適用有無のポイントは、そういう表現付きの領収書を相手が発行してくれるかどうかです。

「うーん、そうか、税金の還付はないのか……」

「だったら、5万円は高いんじゃない」

「そうだなあ……もう一度、考え直すか」

おやおや、パパの口調がトーン・ダウンしてきました。

さらに効果的な寄附金控除

ところで寄附金控除には、先ほど説明した〝所得から控除〟するものとは別に、〝税額から控除〟するタイプのものがあります。「公益法人等寄附金特別控除」といって、寄附したお金から2000円を引いた金額の40％相当額だけ、納税額そのものが減るというやり方です。

たとえば10万円の寄附をしたとき、先ほど説明した所得控除の寄附金控除だったら、還付される金額は（10万円－2000円）×10％＝9800円だけ。ところがこちらの税額控除の寄附金控除だと、（10万円－2000円）×40％＝3万9200円の還付です。

断然こちらが有利、なのですが――こちらの計算は、寄附する先が限られます。学校法人など特定の公益法人はOKですが、国や地方自治体は対象外。ということは、流行りの「ふるさと納税」は地方自治体への寄附なので、所得控除のタイプしか活用できません。

ふるさと納税は自治体同士の税収の奪い合い

ついでですから、ここで今流行りの「ふるさと納税」のお話をしておきましょう。2000円の負担で全国各地の名産品を手にすることができる制度、と一般に理解されていますが、果たしてどうなのか。

そもそもこれは住民税のお話です。住民税は自分の住んでいる市町村へ納めますが、その一部を他の気に入った市町村に振り向ける制度です。

たとえば5万円のふるさと納税をしたとき、2000円を差し引いて残り4万8000円は、所得税および住民税から還付されます。順序としては、寄附した年の翌年3月の確定申告で寄附金控除の適用を受け、（5万円－2000円）×10％＝4800円の還付を受けます。そうするとその情報が住まいの市町村に流れ、還付されるべき残り4万3200円（4万8000円−4800円）分だけ、その年に納める住民税額が減るというしくみです。

一方、寄附先の市町村では、寄附金額の30％を上限に返礼品を用意していることがあります。5万円の寄附なら最高で1万5000円の特産品です。要するに、寄附5万円のうち4万8000円は税金で戻る――そこで2000円の身銭を切ることで1万5000円の豪華商品をゲットできる、という制度ですね。

結局は、自治体同士の税収の奪い合いなのですが、面白いしくみを考え出したものです。

税金の使い道は国まかせ

さて最後に田中さん、寄附金控除の話に戻って、これにはおもしろい効果があるんですよ。普通ならみなさんが税金を納めても、その使いみちについて国に直接注文をつけることはできませんよね。それがこの制度を利用すれば、自分の税金を自分の使いたいように使える、という面があります。

何をいいだす、とお思いでしょうが、こういうことです。たとえば、所得が3000万円の人の所得税の税率は40％です。この人が母校に1000万円寄附したら、寄附金控除の適用で、所得税は400万円（正確には2000円の足切りがあるから399万9200円）安くなります。

寄附は納税者の意地

寄附しなければ400万円の税金を払っていただくことになり、そうするとそのお金が、その先何に使われるのかは国まかせ。ところが寄附すれば、その人は自分の意思で、400万円を思いどおり使えます。

寄附は〝納税者の意地〟とでもいったところでしょうか。

それにしても、このごろ寄附金控除の申告をする人が増えてきました。さすがに何百万円も寄附する篤志家はごく一部ですが、5万円、10万円とか、あるいは2万円、3万円の寄附で確定申告なんていうケースは、いまや普通のサラリーマンでも珍しくありません。

漠然とした寄附よりも、日本版の国境なき医師団（紛争地や被災地への医療・人道支援）やフォスター・プラン（発展途上国への教育資金援助）といった草の根運動的な寄附が今、はやっているようです。

いずれにせよ、拝金主義の世の中にもそうした健全な精神が、確実に広まっているように思います。衣食足って礼節を知る——精神の荒廃した話題が多い中、そうした光景を目にするとホッとさせられます。世の中、まだまだ捨てたもんじゃないですよね。

第7話

貯蓄と利殖

利子・配当と税金

「外貨預金って、利回りがいいじゃないか」

「うん、だけどこれから円高になれば、為替で損がでるからなぁ」

会社の昼休み、田中さんちのパパと同僚の細川さんが、新聞広告を前に話しています。

「税金はどうなるんだ？　やはり20％の天引きかな？」

「うん、普通の預金と同じだな。ただ、為替でもうかった分は雑所得で、確定申告しなきゃならないそうだ」

「ほう、面倒なんだなぁ……」

平均貯蓄残高は1901万円

最近の総務省の家計調査によれば、2人以上世帯の平均貯蓄残高（有価証券・保険を含む）は、1901万円です。このうち勤労者世帯（2人以上世帯の55％）では1508万円となっています。ただしこれは、一部富裕層の貯蓄高が平均値を引き上げる、いわゆる統計のマジックです。

貯蓄現在高を低い方から順番に並べて、ちょうど中央に位置する世帯の貯蓄高（中央値）は、2人以上世帯で1168万円となっており、さらには全世帯の3分の2がこれを下回っています。

貯蓄目的としては、「病気・災害の備え」や「子どもの教育資金」の割合が減少傾向にあり、「老後の生活費」や「旅行・レジャー資金」をあげる世帯割合が増加しています。また、貯蓄種類の内訳は、流動性預貯金33％、定期性預貯金30％、生命保険19％、有価証券16％、金融機関以外が2％です。なお、有価証券16％の内訳は、株式8％、投資信託5％、債券2％、貸付信託・金銭信託1％となっています。

利子から20.315％の源泉徴収

さて、預貯金や債券の利子、および株式の配当や投資信託の分配金には税金がかかります。

所得の分類上は、「利子所得」と「配当所得」に分かれ、両者は税金のかかり方がかなり違います。

まず、利子所得は受取り時に、20・315％の税率で源泉徴収されます。20・315％の内訳は、所得税15％・復興特別所得税0・315％・住民税5％となっています。

なお、これまで話が複雑になるので「復興特別所得税」の説明を省略してきました。平成23年3月の東日本大震災に対する復興支援のため、令和19年まで所得税額×2・1％の税金が所得税に上乗せでかかります。給与所得、事業所得、不動産所得、譲渡所得など他の所得でも同様ですが、今から利子所得と配当所得のお話をする際には、あえてこの税金も加えた税率で説明します。

さて、利子に対する源泉徴収は、給料の源泉徴収とは意味が違います。給与所得は「総合課税」なので月々の源泉は仮の姿……最終的に年末調整や確定申告を通じて、その人にふさわしい税額に精算されます。

利子所得は源泉分離課税

ところが、利子所得の方は「分離課税」です。分離課税には「申告分離」と「源泉分離」の2種類があって、利子所得は源泉分離課税——これは、20・315％の税率で税金が天引きされて一件落着、課税関係は終了ということです。

利子所得に対する課税は、銀行などが納税手続きを代行するので、自分で確定申告する手間が省けて簡単明瞭、きわめてスッキリしています。ところが、納税額の損得で考えると、合計の所得金額がさほど大きくなく所得税が5％や10％の税率ですむ人にとっては、本来なら確定申告で、所得税15％のうち5％ないし10％分が還付されるはずのところ、源泉分離課税の制度ではそれができないという不都合な側面をもっています。

もっとも、現在のような低金利の時代にあっては、もともと利息の金額自体が微々たるものですから、こんな話はあまり話題にならないんですけれど……。

配当所得への課税方法はいろいろ

「そういえば、株式の配当も20％の天引きで……あれも利息と同じ源泉分離かな」

田中さんが細川さんに聞いています。

「いや、あれは総合課税で……だけど、配当は申告しなくてもいい、とか聞いたことあるなぁ」

「なに、それじゃ、脱税じゃないいか。本当にいいのか、それで」

「うーん、どうなのかなぁ……」

5通りの配当税制

田中さん、配当所得の課税関係は、少々複雑です。上場株式か非上場株式かで取扱いが異なり、上場株式は3通り、非上場株式は2通りの制度から選択できます。

〈上場株式〉

① 源泉徴収・申告不要制度

② 総合課税制度

③ 申告分離課税制度

〈非上場株式〉

④ 源泉徴収・申告不要制度

⑤ 総合課税制度

上場株式は大多数が源泉徴収ありの特定口座

上場株式の配当金を受け取る際は、20.315%（復興特別所得税と住民税を含む）の源泉徴収がなされます。①の「源泉徴収・申告不要制度」は、この源泉徴収で課税関係は終了——配当金額がいくら大きくても確定申告は不要というものです。

現状では、大多数の人が株券を、証券会社の「特定口座」に預け入れています。特定口座には、源泉徴収〝あり〟と〝なし〟の2通りありますが、ほとんどの人が手続きの簡単な〝あり〟を選択しています。

源泉徴収は仮の姿

上場株式の配当金は、②の「総合課税制度」を選択することもできます。20・315％の源泉徴収は仮の姿なので、確定申告で他の所得と総合して、しかるべき税額に精算するというものです。この場合、住民税も同様に総合課税されます（住民税の税率は一律10％）。

配当所得を確定申告すれば、「配当控除」（税額控除）が受けられます。税引き前の配当金額の10％（所得が1000万円を超える部分は5％）相当額を納税額からマイナスでき、これにはかなりの節税効果が期待できます。もう一つ、総合課税の納税額から源泉徴収されている所得税と復興特別所得税を控除するのもお忘れなく。

①と②のいずれが有利かは、その人の所得金額いかんです。所得税は累進税率ですから、配当控除も交えて合計所得に対する税額をはじき、一律20・315％で計算したときと比べていずれが有利か試算してみるのが賢明です。

なお、③の「申告分離課税制度」は、株式譲渡損が出たときに配当所得と相殺できるというもので、後ほど（第29話）詳しく説明します。

非上場株式は少額なら申告するかしないかは自由

一方、非上場株式の配当金を受け取るときは、20・42％（所得税20％・復興特別所得税4・2％・住民税なし）の源泉徴収がなされます。その際、1銘柄の年配当金額が10万円以下のもの（少額配当）については、確定申告をするかしないか選択可能で、これが④の「源泉徴収・申告不要制度」です。なお、確定申告をしない場合でも、住民税は一律10％の税率で総合課税されますので住民税の申告が必要となります。

所得金額いかんでは確定申告が有利

配当所得の申告をするかしないかで考慮すべきは、総合課税による所得税の税率です。総合課税の税率は、所得が330万円未満まで10％、それを超えると695万円未満まで20％ですから、330万円未満の人は絶対に申告しなければ損——695万円未満の人も配当控除の分だけは税金が戻りますから、申告しても損はないと考えていいでしょうね。

なお、非上場株式で⑤の「総合課税制度」は、上場株式の②と同じです。非上場株式では、1銘柄の年配当金額が10万円超の場合は、選択の余地なくこの計算をしなければなりません。

ライフステージ❷

マイホームを建てる

（30代後半）

第8話

待望のマイホーム(1)

住宅取得資金の贈与の特例

「ねえ、このマンション、悪くないんじゃない」

「ん？　3LDKで4500万円……わが家もそろそろ考えるか」

「そうよねえ。ツヨシも4年生になって、自分の部屋をほしがってるし」

日曜日の午前中。田中さんちのパパとママが、朝刊のチラシ広告に見入りながら、相談しています。

「しかしなあ、4500万円で買うとなると、かなり借金しなきゃなあ」

「家計が苦しくなるから、あまり借入れしたくないわねぇ」

「親父に資金援助を頼んでみるか」

「でも、お父さまにお金を出してもらったら、贈与になるんじゃない？」

「あ、そうか、税金がかかるのか。うーん、それは困るなあ」

待望のマイホーム、なんとしても資金繰りをつけたいところですね。大丈夫！　なんとかなりますよ。

贈与税に恩典がある

ご心配のように、子どもの買い物に親がお金を出せば、それは贈与です。５００万円出せば48万５０００円、１０００万円なら１７７万円と、けっこう大きな金額で贈与税がかかってきます。

でも、ご安心ください。みなさんから鬼のように思われているわれわれ〝税金〟にも、仏ごころはあろうってものです。

マイホームを買うため親から資金援助を受けたときは、贈与税をお安くしましょう。相続時精算課税制度の「住宅取得資金の贈与の特例」を使えば、『２５００万円』までなら税金はかかりません。

もし、２５００万円を超えたら……そのときは超える金額に一律20％の税率で、贈与税を納めていただきます。

相続時精算課税制度とは？

この相続時精算課税制度は住宅取得に限らず、親から子、祖父母から孫に生前贈与する際、2500万円まで贈与税を非課税とし、将来の相続時にその贈与財産を相続財産に加えて、相続税で課税する制度です。

将来、相続の際に課税問題が再燃するとはいえ、現実に相続税のかかる人は、亡くなった人全体の10％未満です。その他大勢の人にすれば、2500万円贈与したとき、通常かかるはずの800万円強の贈与税がかからないということですから、たいへんビッグな特典ですよね。

相続時精算課税制度の適用を受けるには

大盤振る舞いの特例なだけに、いくつか条件があります。まず、年齢制限があって、贈与する側は60歳以上、される側は18歳以上となっています。前にもお話しましたが、その年の1月1日現在の年齢ですからね（以下同じ）。

ただし、住宅取得資金を贈与する場合は親に年齢制限はなく、60歳未満でも構いません。それから贈与するのは、原則としてどんな財産でもいいのですが、住宅取得資金贈与の特例は、住宅を取得するための「資金」でなければなりません。取得する家の床面積が40㎡以上であること、といった条件もついています。なお、適用対象は建物だけでなく、その敷地も含まれます。

あと気をつけるべきは、贈与を受けた年明けに確定申告が必要です。たとえ2500万円以下の贈与で納める税金がなくても、あれこれ書類を添付して、贈与税の申告書を提出しなければなりません。

夫婦でそれぞれ実家からもらえば効果的

「そうか、贈与税がかからないやり方があるんだ」

「よかったわね、いくらぐらい出してもらえるかしら」

「まあ、数百万円だろうなあ……」

「わたしも、実家に頼んでみようかしら」

この特例は、実の親から子、あるいは実の祖父母から孫への贈与に限ります。奥さんがご実家からお金を出してもらうなら、それはそれで奥さんに対して、やはり2500万円の特例が適用されます。

お金を出し合えば名義に注意

ところで、それはいいのですがその際、購入する家の名義に気をつけてください。全部をご主人名義にすると、今度は奥さんからご主人に対する贈与の問題が生じます。あれこれ口うるさくってゴメンなさいね。でも、理屈はおわかりになりますよね。家の名義って結構大切で、借入れも含めてお金を出した割合どおりに登記する、これが基本ですよ。

相続時精算課税制度を使うと暦年贈与の基礎控除がなくなる

ところで将来、相続税がかかりそうな人にすれば相続時精算課税って、あまりメリットのない制度かもしれません。いま贈与税がかからなくても、将来、相続税を納めることになるのだから、相続税対策としての生前贈与にはなりません。

そういう人の場合は、子どもに資金援助する際、別のやり方を考えなければなりません。というのも、通常の暦年贈与課税だと、年間『110万円』の基礎控除がありますが、精算課税の特例を受けてしまうと、それが受けられなくなるからです。

ただし令和5年度改正で、令和6年1月から精算課税制度にも別途、基礎控除（110万円）が設けられました。年110万円でも、10年、20年とコツコツ贈与していけば、かなりな節税効果が生まれます。暦年贈与で行くか、精算課税を選ぶかは、その人ごとにケースバイケースです。

なお、精算課税制度の弱点として頭に入れておくべきは、将来、相続税を計算する際の評価額が、本来は相続時点での評価なのに、精算課税を受けると贈与した時点での評価で課税されます。つまり、お金でなく建物で渡したとき、何十年も経って値打ちが落ちているはずなのに、新築時の評価のまま相続税がかかってしまいます。

1000万円または500万円まで非課税の特例

相続時精算課税制度の適用を受けないとなると、通常の暦年贈与の話になります。さてそこで、第2の住宅取得資金贈与の特例の出番です。

もらう側が、18歳以上でその年の合計所得2000万円以下の人、贈与を受けた年の翌年3月15日までに新居を取得しそこに居住、またはその後に遅滞なく居住することが確実であること、といった要件を満たせば、次の金額が非課税とされます。

耐震・省エネ・バリアフリーの住宅……………1000万円
その他の住宅……………………………………500万円

この特例を使えば、将来の相続税の課税の際、贈与したお金が相続財産に取り込まれません。

ただし、精算課税の特例と同様、たとえ限度額以下で贈与税がかからなくても、申告は必要です。

ある時払いの催促なしは贈与

さて、相続時精算課税制度の適用を受けず、1000万円または500万円の暦年課税の特例でいくとしたとき、もっと大きなお金を親から引き出すために、贈与ではなく借りたことにしよう、という知恵者がでてきたりします。もらったのではなく借りた……だから贈与税なんて関係ないだろう、という発想ですね。

もちろん、借りたものは返すという、あたり前のことが守られていれば何も問題ありません。でも、「ある時払いの催促なし」などとやってると、やはり贈与税がかかってしまいます。

持ち分登記すれば問題なし

ここは発想を変えて、資金援助を受けるけれど、そのお金を〝もらわない〟〝借りない〟ことにすれば、贈与税の問題は解決です。

何を言いだすか、とお思いでしょうが……そもそも資金援助を受けながら、名義をすべて子どもにしようとするところに無理があるのです。親の援助を仰いだ場合のもっとも穏便な対処法は、「出資割合に応じて登記する」ことです。

たとえば、４５００万円のマンションを買うのに、親から２５００万円を出してもらったら、45分の25が親、45分の20を子の持ち分で共有登記すれば、なんら贈与問題は生じません。

わたしの本音を申せば、無理に贈与などしないで、とりあえず親の名義にしておいて、将来の相続で子ども名義に切り替える、あるいは無理のない生前贈与を考える――こういうシナリオが、一番無難で自然だと思いますよ。

第9話 待望のマイホーム(2)

住宅ローン控除

「ねえ、マンション買ったら、税金が戻るらしいわよ」

「うん。会社でも毎年、年末調整で10万円ぐらい、戻ってるのがいるなあ」

「うちの家も、そのぐらい戻ってくるのかしら」

「さあ、どうなんだろう……」

ローン返済で生活水準を落としたくないから一生借家でいい、と考える向きも増えているようですが、日本人の持ち家志向にはまだまだ根強いものがあります。ツヨシくんのパパも、いよいよマイホームを買う決心をしました。おじいちゃんに資金援助を仰ぎますが、大半は銀行借入れでまかなうつもりです。

年収6、700万円で3000万円前後のローン

国土交通省の調査では、初めてマイホームを購入する人の平均像は、新築の一戸建て・マンションが40代手前、中古の一戸建て・マンションは40代前半のようです。

世帯年収は、注文住宅で730万円、中古の戸建て住宅が650万円となっています。6〜7割の方が30年超で2700万円から3300万円ぐらいのローンを組み、返済額は月10万円前後（月収の約20％）となっています。

ところで、不動産の売買には税金がつきものですが、大きな税負担が生じるのは通常、売った側です。買った側でも、消費税・登録免許税・不動産取得税・印紙税などを覚悟しなければなりませんが、消費税が建物代の10％と少々かさむのを我慢すれば、他の税金は住宅なら特例があれこれあり、さほど苦になる金額ではありません。

マイホームを買うと税金が戻る

マイホームの購入で、しっかり勉強しておくべきは「住宅ローン控除」の特例です。令和5年中に住めば13年間で最大455万円が戻ってくるという、われら〝税金〟が誇る超大型の恩典で、利用できる人は絶対に利用しなきゃ損。ただし、いくら資格があってもしかるべき手続きをとらないと、権利放棄になってしまうのでご用心を。

具体的には、住宅取得のために借入れをしたとき、入居後13年間、毎年末のローン残高（最高5000万円）に対して『0・7％』相当額の税額控除が受けられます。少し前までは0・7％ではなく、1％（最大650万円の還付）と大盤振る舞いでした。でも超低金利時代の昨今、それだと銀行に支払う金利以上のお金を還付することになり、いくらなんでもということで、今は0・7％でご辛抱いただいております。

なお、入居が令和6・7年にずれ込むと、優良住宅等を除き、控除期間が10年間に短縮されますのでご用心。

●所得税から控除しきれないときは住民税から控除

さらに、控除額が多額で所得税から引き切れないときは、住民税から控除できる扱いも設けています。住民税の控除は課税所得金額の5％（最高9万7500円）とさせていただいています（所得税と比べて、僅かな金額でゴメンなさい）。

初年度だけは確定申告の手続きが要りますが、2年目から、サラリーマンなら職場の年末調整で処理してもらい、12月分の給料袋に大金が転がり込むという寸法です。

3000万円の借入れなら初年度は21万円の還付

「あなた、すごいわね」

「そうだなあ。3000万円でローンを組むから、3000万円×0・7％＝21万円か」

「家計が助かるわあ。」

「それが13年間で273万円も戻るんだな」

おっと、田中さん、お待ちください。戻るのは各年末の借入金残高の0・7％です。借入返済が進んでいけば、残高は減っていくのですから――3000万円×0・7％×13年、とはいかないですよ。

適用条件にご注意を

さて、この特例を受けるには、次の条件を満たさなければなりません。

① 取得後6か月以内に入居すること
この特例は住宅を購入し、そこに〝住む〟ことに対する恩典です。また、この特例は建物だけでなく、その敷地にも適用があります。とはいえ、土地に居住するのではありませんから、土地を買っただけではダメ。そこに家を建て入居するまで、適用はお預けです。

② 住宅ローンを抱えていること

購入代金を全額自己資金でまかなう場合はもとより、すべて親の資金援助（贈与）で建てるのもダメ。フラット35のような公庫融資や銀行の住宅ローンなど、しかるべき先からの借入れが交じってなければなりません。親からの借入金は特例の対象外です。

③　適用対象の借入金額には限度がある

一般の新築一戸建てやマンションの場合、令和5年中の入居なら３０００万円（令和6年・7年の入居は２０００万円）までとされています。ただし、もっと上質の次のような住宅の場合、限度額が引き上げられます。

・認定長期優良住宅・認定低炭素住宅……５０００万円（令和6年・7年の入居は４５００万円）

・ＺＥＨ（ゼッチ）水準省エネ住宅……４５００万円（令和6年・7年の入居は３５００万円）

・省エネ基準適合住宅……………４０００万円（令和6年・7年の入居は３０００万円）

なお、中古住宅の場合は、控除期間が10年で借入限度額は、各種認定住宅で３０００万円、そうでない一般の住宅（購入後に大がかりなリフォームやリノベーションを行った場合を含みます）は２０００万円までとされています。

④　建物の床面積が50㎡以上あること

一戸建てならおそらく条件を満たすでしょうが、ワンルームマンションなどは気をつけてください。なお、床面積基準に上限はありません。

⑤　年間所得が2000万円以内のこと

各種所得を合計した合計所得金額が2000万円以内でないといけません。少し前までは3000万円までOKとしていましたが、今は2000万円基準となっています。

⑥　譲渡所得の特例を受けていないこと

ツヨシくんのおうちには関係ありませんが、マイホームを買い換える人はこの特例を使いにくい、という点にご注意ください。今まで住んでいた家を売って利益が出たとき、「3000万円特別控除」や「軽減税率」の特例が用意されています。入居の年の前後3年間、正確には「入居の年の前2年から後3年の間」に、これら特例の適用を受けていると き、住宅ローン控除の特例は受けられません。

3000万円控除の特例を受けると復興特別所得税と住民税を含めて、3000万円×20.315%≒610万円もの節税となります。これは利用しない手はないでしょう。譲渡損の場合は別として、結局のところ住宅ローン控除の特例は、借家住まいの人が晴れてマイホームを持つときに利用するもの、とご理解いただいた方がいいでしょうね。

⑦　中古住宅には建築年数制限あり
昭和57年1月1日以後に建築されたものに限ります。なお、新耐震基準に適合した建物でも問題はありません。

⑧　増改築なら工事費用が100万円を超えていること
新たに家を買う（または建てる）場合だけでなく、住宅の増改築にも適用されます。大規模修繕に限らず、一定の維持修繕工事にも適用があります。

税金還付の受付は年中いつでもOK

さっきも説明しましたが、この特例を受けるには、少なくとも最初の年の確定申告が必要です。確定申告の期限は2月16日～3月15日となっていますが、それは税金を納めるときの話。還付の申告は年中いつでも受け付けています。3月15日間際になると、税務署が混雑します。早く還付を受けるためにも、申告はできるだけ早くすませることをおすすめします。

税務署へ申告書を提出する際は、登記事項証明書と売買契約書の写しを添付してください。

残高証明書の添付は不要

なお、借入金の年末残高を証明する書類として、借入先の金融機関から税務署に〝調書〟が届けられます。以前は金融機関から残高証明書が送られてきて、納税者がそれを税務署に提出していました。だけど納税者の申告利便向上の観点から、今は金融機関から税務署に直送されます。

2年目以降、会社で年末調整を行う際は、年末残高の情報等が金融機関から税務署に通知され、住宅ローン控除証明書が税務署から納税者に毎年交付されます。それを会社に提出して年末調整に織り込んでもらいましょう。

残高証明書送付の経過措置

なお、当分は調書に関する金融機関のシステムが対応できない場合もあるようです。そのときは、金融機関から納税者へ残高証明書が送られますので、これまでと同じようにそれを税務署または会社へ提出することになります。

第10話

待望のマイホーム(3)

印紙税・登録免許税・不動産取得税

「え、そんなに税金がかかるの？」

「ああ、業者がそう言ってた」

「消費税はわかってたけど——困るわ、そんなの計算に入ってないわよ」

「たいした金額じゃないといってたけど……どのくらいかかるのかなあ」

田中さんちのパパとママ。いよいよマイホーム購入の契約をすることになりました。4500万円（土地代2500万円、建物代2000万円）の新築マンションを買うとして、ほかにどんな経費がかかるのか？

建物代2000万円に対し消費税が10％で200万円、これはママの計算に織り込みずみ。

いま問題になっているのは、「印紙税」、「登録免許税」、「不動産取得税」の3つです。

不動産の譲渡契約書や借入契約書には印紙税

まずは、マンションの分譲業者との間で交わす譲渡契約書には、収入印紙を貼ります。売買金額に応じて額が違いますが、契約金額が1000万円超5000万円以下なら『1万円』です。ちなみに分譲ではなく注文住宅を建てるときは、建築業者と工事請負契約書を交わします。その際の収入印紙も、同じく『1万円』です。

それからもう一つ、住宅ローンを組むときは、金融機関との間で金銭消費貸借契約書（借入契約書）を交わします。ここに貼る収入印紙は、借入金額が1000万円超5000万円以下のとき『2万円』となっています。以上が印紙税の説明です。

登記をすれば登録免許税

次に、登録免許税のお話です。土地や建物を買えば必ず登記する……というものではありません。登記さえしなければ登録免許税はかかりません。とはいえ登記しておかないと、何かと不都合が生じます。たとえば土地や建物を売るときは、登記がないと売買できない。そこで、普通は不動産を買えば登記をし、その際に登録免許税を負担します。

不動産登記の税金は、物件の評価額に次頁の表の税率をかけて計算します。ご覧のとおり、居住用の建物を登記するときは、税率がうんと低くなっています。

固定資産税評価額を使って計算

さて、4500万円の新築マンションを買ったとき、登録免許税はいくらかということですが、おおよそ次のようになります。

まず、評価額は「固定資産税評価額」を使います。不動産を持つと毎年固定資産税がかかってきますが、その際の計算のもとになる金額で、土地なら1筆ごと、建物は1棟ごと（マンションは1部屋ごと）に市役所で値段をつけています。

なお、新築住宅で固定資産税評価額がまだ決まっていないときは、それに準じた計算方法で登記所が認定した金額となります。

時価より低い水準

この評価は、通常の時価と比べてかなり

〈登録免許税の税率〉

	原則的な税率	居住用建物（新築）の税率
所有権の保存登記	0.4%	0.15%

	原則的な税率	居住用建物の税率	土地の税率
所有権の移転登記（売買の場合）	2.0%	0.3%	1.5%

（注）認定長期優良住宅等には、保存登記・移転登記とも、さらなる軽減税率が設けられています。

割安です。土地なら公示価格の約7割、建物も鉄筋コンクリートで建築価格の約7割（木造なら5割以下）ぐらいの水準でしょう。あっ、公示価格というのは、国土交通省が毎年1月1日を基準日として、全国の主要地点で適正な時価として定める価格のことです。

4500万円のマンションで、土地代が2500万円（公示価格も同じ）、建物代は2000万円ということですから、固定資産税評価額はそれぞれ、2500万円×0・7＝1750万円、2000万円×0・7＝1400万円といったところです。そこで登録免許税は、土地が「1750万円×1・5％≒26万円」、建物が「1400万円×0・15％≒2万円」となります。

ローンにも登録免許税

それからもうひとつ、ローンには抵当権の設定登記がつきものですが、これにも登録免許税がかかります。税率は通常『0・4％』ですが、住宅ローンなら『0・1％』ですみます。たとえば、3000万円のローンなら、税金は「3000万円×0・1％＝3万円」ですね。

不動産を購入した数か月後に納税通知が届く不動産取得税

「そうか、印紙代と登記で30万円強か。消費税と比べたら大した金額じゃないな」

「あら、ほかに不動産取得税っていうのがかかるんでしょ」

〈登録免許税額の算出方法〉（田中さんのマンションの場合）

① 土地・建物の固定資産税評価額を計算
土地：公示価格の約７割
2,500万円×0.7＝1,750万円
建物：建築価格の約７割（木造ならもっと低い）
2,000万円×0.7＝1,400万円

② 土地・建物・抵当権の登録免許税額を計算
土地：固定資産税評価額に土地の売買登記の税率をかける
1,750万円×1.5％＝26万2,500円
建物：固定資産税評価額に居住用建物の保存登記の税率をかける
1,400万円×0.15％＝２万1,000円
抵当権：住宅ローン金額の0.1％（通常のローンは0.4％）
3,000万円×0.1％＝３万円

③ 支払う登録免許税の合計額
26万2,500円（土地）＋２万1,000円（建物）＋３万円（抵当権）＝31万3,500円

「お、そうだったな。やれやれ世の中、税金だらけだ」

次からつぎの課税で申し訳ありませんが、買ってから数か月後に、役所から不動産取得税の通知書が届きます。この税金は登記の有無にかかわらずかかってきます。

原則4%・住宅3%の税率

不動産取得税の税率は原則として『4%』ですが、住宅とその敷地は『3%』です。登録免許税と同じく、固定資産税評価額にこの率をかけて計算します(敷地は2分の1相当額で計算)。

建物の評価は最高1200万円下がる

なお、床面積が50㎡以上240㎡以下の新築建物は、評価額を1200万円(認定長期優良住宅は1300万円)引き下げます。中古の建物でも、昭和57年1月1日以後に建築されたものや新耐震基準に適合するものは、新築日に応じて一定額を減額します。

土地には不動産取得税がかからない場合がある

さらに、敷地には別途特例があって、評価額から「150万円」マイナスします。もしも、下記の算式で計算した金額が150万円より大きければ、その金額が控除額になります。

話がこみ入ってきたので整理しましょう。たとえば、200㎡の敷地に床面積100㎡の家を建てたとします。この計算式にあてはめれば、分子と分母が同じ数字で、土地評価額と同額を控除できます。つまり、土地評価額は差し引きゼロで税金はかからない。

結局、敷地が200㎡以下で床面積が100㎡以上の家なら、土地に不動産取得税はかからない、とお考えいただいて結構です。

$$\text{土地評価額} \times \frac{\text{住宅床面積}\times 2\ (\text{最高}\ 200\text{㎡})}{\text{敷地面積}}$$

マンションなら土地に不動産取得税はかからない

マンションなら敷地は共有で、1戸あたりの持ち分はせいぜい数十㎡でしょう。となればこの計算式で、確実に評価額の全額を控除できます。ということは、マンションを買うとき、土地に対する不動産取得税は考えなくていいということになります。

田中さんの場合、次の計算で建物分の税金のみ、6万円ほどご用意ください。

（1400万円－1200万円《控除額》）×3％＝6万円

第11話 待望のマイホーム(4)

固定資産税

「ねえ、来年から固定資産税がかかるのよね」

「ああ、マンションを買うからなあ。どのぐらいかかるんだろう?」

田中さんちのパパとママ。4500万円の新築マンションの購入が本決まりです。諸経費として、印紙税と登録免許税、不動産取得税が40万円あまり。さらにこれから毎年、「固定資産税」も納めなければなりません。

1月1日現在の所有者にかかる

固定資産税は、毎年1月1日現在の土地、建物の所有者にかかってきます。年内にマンションを購入し、名義を自分のものにすれば、翌年から毎年4月から5月頃に、市役所から納税通知書が送られてきます。

春に一括で支払うか、3か月ごとに分割で支払うか、都合のいい方を選んでください。

月割りや日割りでかかることはない

さて、納税義務者は1月1日現在の所有者、というのがこの税金を考える際のポイントです。もし、マンションが年明けに竣工し1月早々に登記したとすれば、その年分の固定資産税はまったく払わずにすみます。月割りや日割りではかかりません。

余談ですが、このことは建物を取り壊すとき、もっと切実な問題となります。年内に取壊し工事を終えればよかったものを、ぐずぐずして年明けまでかかりその後に滅失登記――そうなると、1月1日現在でその建物は存在し、みすみすその年1年分の税金を払わなきゃならないのでご用心。

税率は1・4％

固定資産税の税率は『1・4％』です。土地や建物の評価額（固定資産税評価額）にこれをかけて税額をはじきます。

評価額は市役所で査定しますが、通常の売買時価より低い水準に抑えられています。おおよその目安として、土地なら公示価格の7割、建物もマンションなら建築価格の7割（木造なら5割以下）程度とみていいでしょう。

「ということは、4500万円で買ったマンションは、4500万円×0・7×1・4％＝44万1000円……こりゃあ、大変な金額じゃないか！」

「困るわ、そんな税金が、毎年かかるだなんて」

「買うの、やめようか……」

おっと、田中さん、ご安心ください。そんなにはかかりませんから。住宅用の土地や建物の税金は、うんと軽くなってますよ。

住宅用地は大幅に評価減

まず土地について、次のように評価額を引き下げます。

① 200㎡以下の部分の評価額を6分の1に

② 200㎡超の部分の評価額を3分の1に

（注）土地面積が建物床面積の10倍を超えるとき評価減は10倍部分まで

たとえば、300㎡の住宅用地で通常の評価額が3000万円なら、住宅用地の評価額は

６６７万円になります。

$$（3000万円\times\frac{200㎡}{300㎡}\times\frac{1}{6}）＋（3000万円\times\frac{100㎡}{300㎡}\times\frac{1}{3}）≒667万円$$

マンションの敷地は共有で、持ち分で計算すれば1室あたり、せいぜい数十㎡でしょう。となると、評価額はまるまる6分の1まで下がります。田中さんの場合、土地代が２５００万円なら、土地部分の税金はこういう計算でしょうね。

$$2500万円\times0・7\times\frac{1}{6}≒292万円$$

２９２万円×１・４％＝４万８８０円

建物の税金は3年間または5年間は2分の1

建物部分についても、新築に限ってですが軽減措置があります。一戸建てとマンション（３階建て以上）で軽減割合が違いますが、いずれも床面積が50㎡以上２８０㎡以下のものについて、１２０㎡までの部分が次のように減額されます。

① 一戸建て：３年間（認定長期優良住宅は５年間）　２分の１
② マンション：５年間（認定長期優良住宅は７年間）　２分の１

（注）認定長期優良住宅とは、耐震性、省エネ対策等の認定基準を満たすものです。

田中さんのマンションの床面積が120㎡以下なら、建物部分（2000万円）の税金はこういう金額です。

2000万円×0・7＝1400万円

1400万円×1・4％×$\frac{1}{2}$＝9万8000円

土地と建物を合わせて固定資産税は約14万円です。市町村によっては別途、都市計画税をかけることがあり、その場合はもう少し税額がふくらみます。

3年ごとに評価の見直し

さて、初年度の税金はそのぐらいだとして、その後どうなるかです。固定資産税の評価額は、3年ごとに見直されます。その際、急激な地価上昇があると税額が一気に跳ね上がりかねません。そこで〝負担調整措置〟が講じられていて、3年間で徐々に引き上げることとしています。

なお、建物の評価も3年ごとに見直します。ただそれは、同じ材質や構造で新しく建てた建物の評価額が、古いものと異なるという意味です。つまり、ある特定の建物の評価額を3年ごとに見直すということではありません。

建物評価額は徐々に下がる

土地と違って建物は、年々値打ちが下がるはず。簿記会計では減価償却という計算をしますが、固定資産税評価額の逓減については、市役所で独自の計算をしています。ケースバイケースですが、建築後数年間は評価が横ばい、その後徐々に下がっていくのが一般的です。

少し愚痴っぽいことを言いますが、建物の固定資産税評価額の下がり方は、かなりなだらかです。当初は建築価格の5~7割水準からスタートしますが、20~30年経った時点では、会計上の償却後簿価を遙かに上回っている、というケースも珍しくありません。何とかならないもんでしょうかねえ。

都市計画税もかかる

最後に、「都市計画税」のことを少しお話ししておきましょう。現在、日本全国の約3分の1の市町村で導入されていて、3大都市圏にある不動産には、ほぼかかっていると考えていいでしょう。

税率は『0・3%』です。固定資産税が1・4%なのでその2割くらいの金額かといえば、さにあらず。各種の軽減措置が2つの税金で違います。まず、土地の評価額に関して、固定資産税では200㎡まで6分の1、200㎡超の部分は3分の1でしたが、都市計画税はその半分

――２００㎡まで3分の1、２００㎡超の部分は3分の2となっています。

固定資産税の2割程度では済まない

さらに、さらにです。建物に関し、固定資産税では新築後一定期間は税額を2分の1とする特例がありますが、都市計画税にはその特例が設けられていません。

結局のところ、田中さんが購入された４５００万円のマンションの都市計画税は、次のようになります。

〈土地〉

２５００万円×０・７×$\frac{1}{3}$≒５８３万円

５８３万円×０・３％≒１万７５００円

〈建物〉

２０００万円×０・７＝１４００万円

１４００万円×０・３％＝４万２０００円

土地・建物合計で約6万円といったところでしょうか。固定資産税が約14万円ですから、合わせて20万円の税金となります。土地はともかく、建物の評価額は徐々に下がっていくので、税額も減っていきます。それにしても持ち家を所有する方は、毎年このぐらいの税金を覚悟していただかねばなりません（厳しい発言ですみません……）。

第12話 ママがパートに

配偶者控除と配偶者特別控除

「時給1200円——へーえ、そんなにもらえるのか」

「うん、飲食とかスーパーは人手不足で、そのくらいが当たり前なんだって」

待望のマイホームを手に入れた田中さん。ローン返済の足しに、ママは近所のスーパーでレジ係をはじめることにしました。今や専業主婦は2割程度で、ほとんどの女性が働いていますが、その半数以上がパート・アルバイトとのことです。ある意識調査のアンケートでは、妻の働く目的ベスト3は「自分の都合のよい時間に働きたいから」、「家計補助・学費等を得たいから」、「家事・育児・介護等と両立しやすいから」となっています。

また、内閣府の試算で家事労働を金銭で評価すると、主婦業の年収は200万円（月給16万円、時給1500円）とのこと。これが高いか安いか意見の分かれるところでしょうが、いくらそのように評価してもらっても、現実にそれだけお金が入ってくるわけじゃなし……子どもの手も離れたことだからそろそろ働きにでようかしら、という奥さんも多いようです。

妻の年収が103万円になると配偶者控除なし

「しかし、給料がいくらか以上になると、扶養家族からはずれてオレの税金が高くなるって、だれかが言ってたなぁ」

「あ、私もそれ、お隣の奥さんから聞いたわ。年間103万円を超えるとダメなんだって」

「お、そうか、103万円か。じゃあ、それを超えないようにな」

奥さんが働きにでるとご主人の税金が高くなる、という現象はみなさんご存知のとおりです。ご主人の税金を計算する際、専業主婦なら所得金額から「配偶者控除」が『38万円』控除されますが、外で働くようになればその控除がなくなってその分、課税所得がふくらみ税金が増えるというしくみですね。

配偶者控除の有無は、奥さんの「合計所得」が48万円以下かどうかで決まります。パート勤務などの給与所得者の場合、合計所得とは年収から「給与所得控除」を差し引いた金額です。

給与所得控除（給与所得者の必要経費）は、年収が１６０万円少々以下なら一律55万円とされていますから、年収が１０３万円（48万円＋55万円）を超えると配偶者控除の適用なし、ということになりなります。

夫が高給取りならもともと配偶者控除はなし

なお、少々厳しい取扱いも設けていて、ご主人の所得が９００万円を超えるときは、配偶者控除の適用を制限しています。正確には、控除額が次のようになります。

① 合計所得金額が９００万円以下の場合……………38万円（48万円）
② 合計所得金額が９００万円超９５０万円以下の場合………26万円（32万円）
③ 合計所得金額が９５０万円超１０００万円以下の場合………13万円（16万円）
④ 合計所得金額が１０００万円超の場合…………………0円（0円）
（注）かっこ内の金額は、配偶者が老人（満70歳以上）の場合の控除額です

そもそも、給与収入が８５０万円を超える人には、１９５万円の給与所得控除があります。したがって、給与所得が９００万円ということは、年収ベースで９００万円＋１９５万円＝１０９５万円を超える方には厳しい扱いになっています。

配偶者控除が０になる給与所得１０００万円超というのは、給与収入が１０００万円＋

195万円＝1195万円の場合です。切り上げて年収が1200万円以上ある方には、配偶者控除の適用はありません。ご辛抱くださいませ。

年収103万円を超えると妻に税負担が生じる

さて、〝103万円の壁〟という言葉がありますが、これには2通りの意味があります。まず、納税者（奥さん）自身の問題として、基礎控除以外の控除が一切ない人の場合、給与収入が103万円を超えると、給与所得控除（55万円）と基礎控除（48万円）を差し引いて残高が残ります。そこで、所得税の負担が生じます。ただし、この水準では所得税の税率は5％です。収入が1万円増えるごとに所得税が500円増えるだけで、大した負担にはなりません。

夫の税金は妻以上に増加

もう一つの〝壁〟は、奥さんの配偶者（ご主人）の税負担増の問題です。奥さんの年収が103万円を超えると、ご主人に対する配偶者控除（38万円）の適用がなくなります。年収700万円クラスの人なら、所得税の税率は20％ですから、38万円×20％＝7万6000円だけ税負担が増加……これは大変！　103万円以上働かないようにしなきゃ、などと思わないでくださいよ。ミスター〝税金〟はそのあたり、キチンと配慮していますからね。

配偶者の所得金額に応じて配偶者特別控除

配偶者控除の適用がなくなった方には、次に「配偶者特別控除」の出番です。この控除額は、配偶者控除のように一律38万円ではなく、奥さんの所得がいくらなのかで変わってきます。

次の表をご覧ください。ご主人の合計所得が900万円以下（給与収入が1095万円以下）の場合の、奥さんの合計所得金額に応じた控除額を表しています。

〈納税者（ご主人）の合計所得金額が900万円以下の場合〉

配偶者の合計所得金額	控除額
48万円超 95万円以下	38万円
95万円超100万円以下	36万円
100万円超105万円以下	31万円
105万円超110万円以下	26万円
110万円超115万円以下	21万円
115万円超120万円以下	16万円
120万円超125万円以下	11万円
125万円超130万円以下	6万円
130万円超133万円以下	3万円

（注）納税者の合計所得金額が900万円超950万円以下、950万円超1,000万円以下の場合は、別に表が設けられています。

年収181万円まで控除あり

この表でお分りのように、奥さんの合計所得が48万円（つまり年収103万円）を超えても95万円になるまでは、依然として38万円の控除が受けられます。所得が95万円ということは基礎控除（48万円）を加えれば、年収ベースで95万円＋48万円＝143万円まで大丈夫です。

それ以上に稼いだとき、段階的に控除額が減少しますが、それでも年収181万円（133万円＋48万円）を超えるまでは、なにがしかの控除額を保証しています。どうか皆さん、103万円を超えそうになって秋口から職場放棄、なんてことをなさいませんように。

103万円を超えれば一気に増税なんていうムチャな課税はしない……これならパート主婦軍団の反乱も起こるまいという、所得税の遠謀深慮なのです。おやおや今回は、わたくしども〝税金〟の内幕を暴露してしまいました。

第13話 ツヨシくんが高校入学

扶養控除

「早いもんだなあ、もう、高校生か」

「そうねえ。15年間なんて、あっという間だったわ」

「公立だから、私立と比べて授業料が安上がりで助かるなあ」

「ねえ、高校生になったら、お給料の手取りが増えるって、本当？」

「そういや、年末調整で手続きすれば戻ると、人事部がいってたなあ」

満16歳以上の子どもに対し扶養控除

その年の12月31日時点で16歳以上の子どもがいたら、「扶養控除」が受けられます。ツヨシくんは高校入学時点では満15歳、その後12月がお誕生日なので、年末時点では16歳になっています。忘れずに手続きしましょう。『38万円』の控除があるので、12月分のお給料に還付金が入ることでしょう。翌年1月からは源泉徴収に反映し、毎月のお給料の手取り額が3000円ぐらい増えますよ。

昔は、子どもが生まれたら即、扶養控除の適用がありました。ところが、民主党政権の時代に制度が変って、平成22年から「子ども手当」(現在は児童手当)の支給が始まりました。紆余曲折を経て現在は、中学3年生まで、正確には15歳の誕生日の後、最初の3月31日まで1人あたり月1万円(または1万5000円)が支給されています。

その後はその支給がなくなるので、扶養控除の適用開始です。

3種類の扶養控除

扶養控除には、年齢に応じて次の3つのものがありますが、いずれも合計所得が48万円以下の人が対象です。

① 一般の扶養親族1人につき………38万円

(注) 満15歳以下の者（児童手当の対象者）を除く。

② 特定扶養親族1人につき……………63万円

(注) 満19歳以上23歳未満の者が対象

③ 老人扶養親族

・同居直系老人扶養親族1人につき……58万円

・その他の老人扶養親族1人につき……48万円

(注) 控除対象となる〝老人〟とは、満70歳以上の者をいいます。

控除対象となる扶養〝親族〟とは、「6親等内の血族」または「3親等内の姻族」をいいます。血族は自分と血のつながりのある人で、従兄弟や又従兄弟まで含まれます。姻族というのは自分の配偶者と血のつながっている人々です。

大学生は控除額を割増し

前記②の特定扶養親族は、主として大学生です。大学時代の4年間は学費とかにお金がかかるだろうから、控除額を大きくして多少なりとも税金で面倒を見ようという思いの表れです。

③の同居直系老人扶養親族には、配偶者の親も含まれます。ですから、配偶者の親御さんと

同居する場合には、割増しで控除が受けられます。一方、同居せずに国元の親に仕送りをしている状態であれば、控除額は48万円止まりです。

扶養控除の適用対象は合計所得が48万円以下の者に限る

「そうか。田舎に住んでる両親にも、扶養控除が使えるのか」

「あら、すごいわね。2人で96万円の控除よ。いくら税金が戻るのかしら」

「うーん、明日、人事部で相談してみよう」

おっと、田中さん。前回（第12話）お話しした〝103万円の壁〟のことを思い出してください。配偶者控除を受けるためには、奥さんの合計所得が48万円以下、ということでしたね。給与所得控除が最低55万円あるので、年収ベースで48万円＋55万円＝103万円まで、というのが適用を受けるための条件でした。国元のご両親が扶養控除の対象となるかどうかも、同じ話です。

年金収入158万円以下で暮らしている人が対象

お父さまは、おそらく年金生活者でしょう。年金所得は「雑所得」として計算します。その際、厚生年金、国民年金などの公的年金には「公的年金等控除」が認められていて、給与所得控除のように受取り額に応じて、機械的に計算することになっています。本来は、在職中に給料から社会保険料として天引きされた金額の累計額が必要経費ですが、そんな計算は不可能なので一律に計算します。

年金所得の金額は、下表を使って計算します。

(計算例)

収入金額が400万円の場合、雑所得の金額は次のとおりです。

400万円×75%−27万5000円＝272万5000円

複数の者が同一者を対象に控除はできない

計算例のとおり、年金を400万円も貰っている人は、合計所得が272万円ですから、扶養控除の対象者とはなりません。下の表で、最低の控除額は110万円です。そこで、老人扶養控除が受けられる人の年金年収は、48万円＋110万円＝158万円まで、とあいなります。国

〈満65歳以上の人〉

公的年金等の収入金額		割合	控除額
	330万円未満	—	110万円
330万円以上	410万円未満	75%	27万5,000円
410万円以上	770万円未満	85%	68万5,000円
770万円以上	1,000万円未満	95%	145万5,000円
1,000万円以上		100%	195万5,000円

(注) 公的年金以外の所得が1,000万円以下の場合の速算表です。
1,000万円超のときは別の表を用意しています。

元のお父さまに確認してみてください。あ、個人年金とか他の所得があれば、もちろんそれらも含めての計算ですよ。

定年までサラリーマンで勤め上げた人は、厚生年金をそこそこ貰ってらっしゃるでしょうから、たぶん、適用対象外ではないかと思います。お母さまはそんなに年金をお貰いでないとしても、お父さまが配偶者控除の対象になさっているでしょうから、やはり控除対象は無理でしょうね。

可能性があるとしたら、お父さまが亡くなって、お母さまがお一人になってからです。おそらく158万円もの年金はないはずです。自分の老齢年金の他に遺族年金をもらわれるでしょうが、それは非課税ですから158万円以下のはず。そのときには田中さんの控除対象者にしてください。

ただし、その場合に一つ注意点は、田中さんにご兄弟がいる場合です。たとえばお兄さまがいるとき、どちらの側の扶養親族とするかです。兄弟2人ともお母さまを対象に老人扶養控除の適用、というわけには参りませんので。

23歳を過ぎても扶養控除の対象？

最後に、扶養控除の分類①（一般の扶養親族）のお話をもう少ししておきます。高校生（満

16歳）以上になれば、一般の扶養控除が適用できます。正確に言うと、満16歳の判定はその年の年末現在で行います。その際、大学生になれば扶養控除額が63万円になるので、一般の控除38万円は高校生だけの話かといえば、決してそうではありません。

大学を卒業して社会人になり自ら稼ぐようになれば、もはや扶養親族ではありません。当然、年間48万円以上の所得を得るでしょうから。

ところが今日、大学卒業後就職せずにブラブラしている若者を、時々見かけます。根っからの怠け者体質の人もいますが、平成初期のバブル崩壊後の就職氷河期の人たちって気の毒ですよね。働きたくても、働く場がなかったのですから。

結局、ずるずると親元で過ごさざるを得ません。その親がそこそこ裕福だと、40歳、50歳になってもその子を扶養することになります。これは立派な（？）扶養控除対象者となります。もちろん控除額は38万円止まりではありますが……。

第14話

ご近所Aさんの離婚

慰謝料と税金

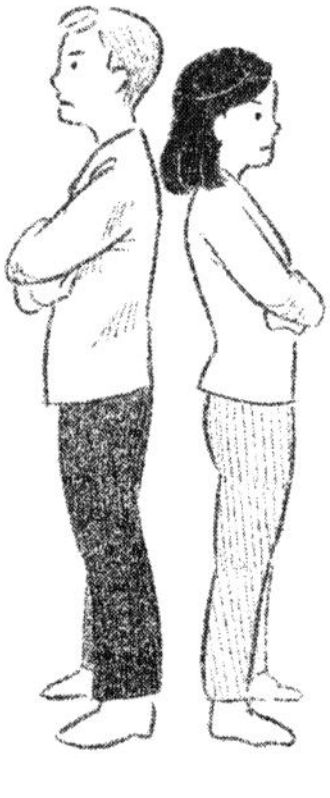

「ねえ、下の階のAさんのところ、離婚したんだって」

「ふーん。うちのツヨシと同い年ぐらいの、女の子がいる部屋か」

「ええ、同級生よ。原因はご主人の浮気でね――マンションを奥さんに渡して、出て行ったらしいわ」

「お、そうか。養育費を送ったり、これから大変なんだろうなぁ……」

厚生労働省の統計資料によれば、離婚件数は増加の一途をたどり、直近では年間で19万以上のカップルが離婚届にサインしています。統計上、人口1000人に対する離婚者数の割合を

〝離婚率〟というのですが、現在の日本は1・5人です。ちなみに世界一はモルドバの3・8人、ついでベラルーシの3・7人、離婚大国といわれる米国で2・3人ですから、日本はまだまだなのでしょうかね（おっと、口が滑りました）。

婚姻期間を5年きざみで見れば、5年から9年の夫婦が最も多くて、全体の18・9％を占めます。いわゆる熟年夫婦は、20年から35年の夫婦を合計すれば20％以上となっています。離婚原因は、男女とも〝性格の不一致〟がダントツに多いようです。

令和4年度の婚姻件数は約50万、対する離婚件数は約18万です。ということは単純計算で3・6組に1組の割合で破局（離婚）を迎えているという、そういう時代なのです。この現実を見すえ、今回は「離婚で税金がかかるか」、というテーマを研究してみましょう。

タダでもらえば贈与だが

たとえば、離婚の際の財産分けで、奥さんが1000万円受け取ったとします。このお金にはどんな税金がかかるのか？　まず思い浮かぶのは「贈与税」ですね。だけど、もしそれがかかるとなると税額は231万円。のっけから顔がこわばってしまうようなことを申しましたが、ご安心ください。贈与税なんてかかりませんから。

離婚による財産分けは贈与ではない

贈与とは、タダで何かをもらうこと。離婚の場合、奥さんはタダでもらうのではありません。家庭の財産は夫婦共同で築き上げたものだから、離婚が成立すれば奥さんには、ご主人に対して財産分けを要求する権利（財産分与請求権）が生まれます。

この権利を行使して、夫名義の財産に含まれる妻の持ち分を取り戻すという話ですから、贈与税の出番はありません。むしろ、もらうべきものをもらわなかったら、そちらの方が問題。スジ論でいけば、奥さんからご主人へ贈与があったことになってしまいます。

もらい過ぎには贈与税

あえて奥さん側に贈与問題が生じるとすれば、もらった金額が多すぎる場合です。グウタラな奥さんでさしたる貢献もないのに、なぜそんなにたくさん渡すのか、という疑問です。だけど現実問題として、ＰＫＯの国際貢献と違って、夫婦間の貢献度合いに外部の者が口ばしを挟むのはおこがましい。よほど不合理な点がないかぎり、贈与税の出番はないと考えていいでしょう。

所得税の心配もなし

そういうわけで、離婚の財産分けに贈与税はかからず、もしかかるとすれば「所得税」（もうけに対する税金）です。奥さんが財産分けの権利を行使して1000万円を稼いだ、という理屈ですね。しかしこの1000万円には、ご主人が以前に収入として稼いだ時点ですでに所得税がかかっているはずですから、重ねて課税されることはありません（二重課税はいたしません！）。

なお、財産分けではなく〝慰謝料〟としてもらった場合、これは奥さんの所得になります。だけど、心身に加えられた損害につき支払いを受ける慰謝料や見舞金は、所得税法上、非課税とされています。

結局のところ、離婚で財産分けを受けても、奥さんには贈与税も所得税もかからないということで、まずはメデタシ、メデタシ。

金銭で渡せば問題なし

さて、次にご主人に申し上げます。離婚によって、奥さんに財産分けの請求権が発生すれば、ご主人にはそれに見合う債務が生じます。たとえば、1億円渡すということで話がついて、現金・預金でこれを支払ったということなら、特に問題はありません。

返すべきものを返したというだけのことで、いわば奥さんに対して背負っていた借金を返済したのと同じことです。

不動産で渡せば譲渡所得税

ところが、お金ではそれだけのものがないので、代わりに時価1億円する不動産を渡したとなると、話はかなり違ってきます。ここで「譲渡所得税」が首を突っ込んでくるのです。なぜ譲渡所得が？　なぞなぞみたいですが、そのこころは……夫が不動産を第三者に売って、その代金1億円を妻に渡したのと同じ、というところにあります。

時価で譲渡したものとみなす

ひねくれた見方といわれようが、税法とはそうしたもの——時価1億円が収入金額で、過去に買った金額（取得費）との差が所得（もうけ）になります。

こういう発想は、庶民の常識をはるかに超えている、かもしれません。でも、わが日本国は法治国家、そういう定めになっているのであれば、従っていただかざるをえません。

不動産に限らず株式など、現金・預金以外のもので渡せば、譲渡所得の課税問題が生ずるものと覚悟してください。

交換すればみなし譲渡課税

この「みなし譲渡課税」の取扱いは、皆さんになかなかご理解いただけない内容です。ちょうどいい機会ですから、別の例を取り上げて、みなし譲渡のことを詳しく説明しましょう。

〝交換〟のケースで説明します。たとえばSさんとTさんが、それぞれ時価1億円の土地を持っているとします。お互いに欲しい物件なので、この際交換しよう、ということになりました。そのとき、お二人に税金がかかります。？？という感じでしょうね。同じ値打ちの2つの土地を交換するだけで、お金のやり取りをしないのになんで？……という思いでしょうね。

ミスター〝税金〟は、このように判断します。交換の時点で、買ってからこれまでの値上り益（場合によっては値下り損）があるはず。お金のやり取りはないけれど、所有権が移転した（名義が変わった）時点で、現在得ている利益（あるいは被った損失）を、公にしていただきましょう、という発想です。

交換後の譲渡益を通算すれば合計額は等しい

たとえば、Sさんは40年前に自分の土地を4000万円で買っています。Tさんはもう少し古く50年前に3000万円で買っています。

そうすると現時点で、お二人には次の譲渡益が発生しています。

Sさん：1億円《収入金額》－4000万円《取得費》＝6000万円《譲渡益》
Tさん：1億円－3000万円＝7000万円

この譲渡益に対する所得税等を、現時点で納めていただきます。その代わり、たとえばSさんが次回、交換後の土地を1億2000万円で売却したときの譲渡所得の計算は、次のようになります。

Sさん：1億2000万円《収入金額》－1億円《取得費》＝2000万円《譲渡益》

当たり前のことながら、2回分通算した譲渡益は8000万円止まりです。

Sさん：1億2000万円《収入金額》－4000万円《取得費》＝8000万円《譲渡益》（6000万円＋2000万円）

3000万円控除の適用は？

さて、お隣Aさんの話に戻ります。一般に自宅を売却したときは、居住用財産の「3000万円特別控除」が適用されます（第28話参照）。

その際、離婚による財産分けで自宅を奥さんに明け渡した場合にも、この特例が使えるかどうか……。ひっかかるのは、身内の者に売ってもこの特例は適用されない、という取扱いです。通常なら、奥さんに売った場合は適用されません。

でも、ご安心ください。離婚による財産分けなら大丈夫。正式に離婚して籍を抜いてしまえば、元夫婦でも赤の他人――身内への譲渡ではないから特例の適用あり、ということになります。Aさんも、そういう渡し方をしていればいいのですが……。

ライフステージ❸

サイドビジネスに乗り出す

（40代前半）

第15話 おじいちゃんのアパート経営

不動産所得の申告

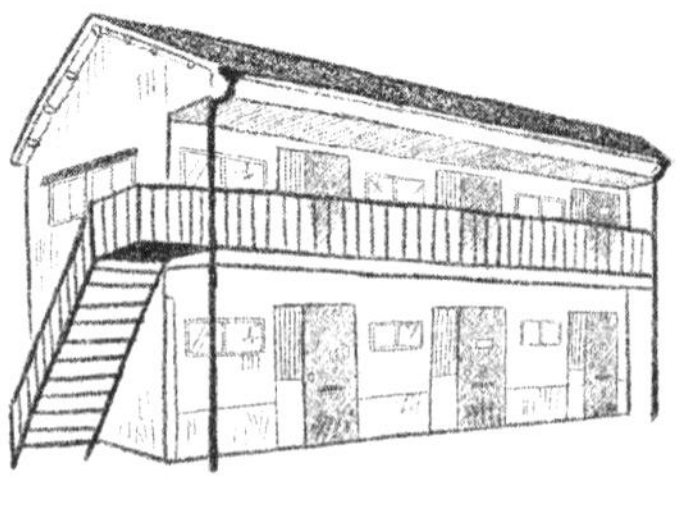

「年360万円だと、税金、どのくらいなんだろう？」

「古いアパートだから修理代もかかるし、そのうえ税金だなんて、大変ね」

「うーん、おふくろがおやじから、給料もらって所得を分散すれば、少しは税金が助かるのかなぁ」

「収入の半分も、税金がかかるだなんてねえ」

田中さんちのおじいちゃんは、現役時代からアパート経営をしています。6室あって家賃が1室あたり5万円なので、毎月30万円の収入です。ところで、お金が入れば入ったで頭を悩ますのは、税金問題。何か節税策がないものかと、息子に聞いてきた次第です。
どうも、あいすみません。ご面倒ですが、おじいちゃんは今後も、不動産所得の申告が必要です。

土地・建物の貸付けで不動産所得

土地や建物を貸し付けて地代や家賃を受け取れば、「不動産所得」が生じます。貸ビル業者のように本格的に貸付業を営んでいても、所得上の分類は事業所得ではなく、あくまで不動産所得です。

不動産の貸付けが事業所得になるとすれば、それは単なる部屋貸しではなく、賄い付きの下宿を営むような場合です。規模に応じて、「事業所得」または「雑所得」となります。

権利金・頭金なども不動産所得

ところで不動産所得になるのは、地代収入と家賃収入だけではありません。建物を賃貸する際に受け取る、権利金・謝礼金・頭金・名義変更料なども含まれます。敷金や保証金のように、後日明渡し時に返還するものは、お金を預かっているだけなので収入にはなりません。ただし、〝敷引き〟として返還しない部分は、やはり不動産所得です。

収入は受け取った年に計上

不動産所得の計算は、「収入－必要経費」の算式で行います。所得計算は、毎年1月から12月までの暦年単位ですから、まずは収入をどの年分として計上するかが問題となります。

賃貸借契約書で、支払日が決められていればその日、決まっていなければ実際の支払日です。ただし、家賃などは前払いのケースが多く、たとえば12月末に受け取る家賃は翌年1月分で、これを今年の収入とするのは不合理だということなら、翌年回しでも構いません。

必要経費は個々に計算するのが原則

次に、不動産所得の必要経費には、固定資産税・火災保険料・修繕費・消耗品費・減価償却費・借入金利子などがあります。

1年間にいかほどの出費があったか記録し、それを集計して必要経費の総額をはじくのが原則です。確定申告の際、青色申告は「損益計算書」、白色申告なら「収支内訳書」を添付することになっています。

賃貸マンションを何十棟とお持ちの資産家の方はともかく、一般に不動産所得は必要経費の種類が限定され、事業所得と比べ帳面付けも楽なはずです。

専従者給与を払うなら青色申告

ところで、おばあちゃんに給料を払うという話ですが、〝専従者給与〟という制度があります。白色申告だと最高86万円（配偶者以外の生計一親族は50万円）どまりですが、青色申告なら限度はなく、働きに応じた金額を給料として必要経費にできます。

ただし専従者給与のデメリットとして、白色・青色申告ともに、専従者給与を必要経費に計上すると、配偶者控除の適用がなくなり、配偶者以外の人に対する扶養親族の扱いもなくなります。

なお一般論として、2つの専従者給与を比較したとき、白色申告では最高86万円とされていますが、青色申告でもっと大きな金額を支払うと、給与所得課税の問題が生じかねません。とはいえ給与所得控除（55万円）と基礎控除（48万円）があるので、支給額が103万円以下であれば結果オーライ、課税問題は生じません。どうせ専従者給与を必要経費にするのなら、青色申告が有利といえましょう。

5棟10室未満では専従者給与はダメ

そういうことから、専従者給与を払うときは、税務署に届け出て青色申告にするケースが多いようです。ただし、田中さんのおじいちゃんの場合は、そうもいきませんのでご注意を。事業所得ならいざ知らず、不動産所得の場合、わざわざ給料を払ってやってもらうほどの仕事量がないからです。特に、少ない部屋数のアパート経営では、その点に疑問が残ります。

ある程度以上の事業的規模でないと、青色専従者給与は認められません。具体的には〝5棟10室〟という基準があって、貸家は5棟以上、貸室なら10室以上を事業的規模とみます。おじいちゃんのアパートは6室しかないとのこと。残念ながらそれでは、おばあちゃんへの給料は必要経費とはなりません。

アパート経営の会社を作ると節税効果が大？

「ひとつ会社を作るか」

「会社？　おじいちゃんが？」

「オレが代わりに作ってやるさ。アパート経営の会社を作って節税、っていうのはどうだろう」

お、田中さん、考えましたね。会社を作り、おばあちゃんも役員にして所得の分散、ということですか。その場合の会社には2種類あって、一つは会社自ら不動産を所有し貸付業を行う〝賃貸会社〟、もう一つは家賃の集金など他人名義の不動産を管理し手数料を稼ぐ〝管理会社〟です。

アパートを会社名義にするとき譲渡所得課税

おじいちゃんの場合、不動産賃貸会社というのは無理でしょうね。おじいちゃん名義のアパートを会社名義にするには、会社がそれを買い取らなければなりません。しかしそうすると、おじいちゃんに「譲渡所得」が発生して通常、大きな税負担が生じます。

もし会社を作るとなると、後者の不動産管理会社でしょう。でも田中さん、そこに集金業務などを委託するとして、家主が支払う手数料って、家賃の5％程度ですよ。つまり年間３６０万円なら、会社に入るのは18万円なり——ということは、おばあちゃんに給料を払うとしても最大で年18万円。それによって、おばあちゃんを配偶者控除から外さなきゃならない。そんな会社を作ってみても、まるで意味ないですよね。

青色申告すれば10万円の特別控除

それよりも田中さん、とにかく青色申告をすれば、それだけで多少なりと節税になりますよ。キチンと帳面をつけるという条件付きながら、10万円の「青色申告特別控除」が認められます。5棟10室以上の事業的規模なら、やりようによって55万円ないし65万円の控除ができますが、田中さんの場合は6室だけですから10万円どまりです。ささやかな金額で恐縮ですが、ご容赦を。

55万円や65万円の控除はハードルが高い

後学のため、55万円（ないし65万円）の控除を受けるための条件をお伝えしておきましょう。

次の3要件をすべて満たす場合です。

① 5棟10室以上を所有していること

② 複式簿記で帳面付けを行っていること

③ 貸借対照表と損益計算書を作成し、申告書に添付すること

さらに、65万円控除を受けるためには、〝e-Tax〟で申告しなければなりません。どうです、かなりハードルが高いでしょ。10万円の控除なら帳面付けは、複式でなく現金収支のみの単式簿記で足ります。田中さんご自身はこの先、不動産投資で5棟10室基準をクリアすれば、65万円控除を目指されたらいいですね。

青色申告特別控除の適用を受ければ節税

ところで、田中さんのおじいちゃんの場合、いかほど税金がかかるか、試算してみましょう。古い建物なので償却費はないようです。固定資産税や修繕費などの必要経費が50~60万円ぐらいかかり、所得を300万円とみましょう。

他の所得が年金だけなので、不動産所得を加えて税率は、所得税20%と住民税10%を合わせ

て30％（復興特別所得税2・1％は無視）です。ということは、「３００万円×30％＝90万円」——田中さんが心配するほどの税金はかかりませんが、それでも１００万円ぐらいは納税用に貯金しておいてください。

なお、青色申告をして青色申告特別控除（10万円）の適用を受ければ、10万円×30％＝３万円だけ納税額が減少——ミスター〝税金〟からの、ささやかなプレゼントです。

第16話 パパ、不動産投資に乗り出す？

ワンルームマンションで節税

〈今後も続く、地価上昇と低金利が追い風、脚光浴びる賃貸ワンルームマンション投資！〉

朝の通勤途上、田中さんちのパパは、新聞でこんな広告を目にしました。ローンをして賃貸マンションを買えば税金対策になるという内容で、計算例を交えてこんなふうに書かれています。

年収1000万円のサラリーマンの人が、1600万円のワンルームマンションを買って賃貸すれば、こういう計算になります。

① 家賃が年間96万円入ります（利回り6％）

② 購入価格1600万円のうち、建物代1200万円に対して26万円の減価償却ができます（定額法で計算。細かい計算は省略）

③ 100万円の頭金で1500万円のローン（30年、年利4・0％）を組めば、返済額は年86万円（元本26万円・利息60万円）

家賃収入	96 万円
減価償却費	Δ26 万円
借入金利子	Δ48 万円
諸経費	
（固定資産税など）	Δ70 万円
所得金額	Δ48 万円

(1) 建物購入のための金利（60万円×1200万円÷1500万円＝48万円）は必要経費で落とせます。

(注) 不動産所得が赤字の場合、〝土地購入〟のための借入金利子は必要経費になりません。

(2) 不動産所得は下記の計算により48万円の赤字となります。

(3) この人の税率は30％（所得税20％・住民税10％）ですから、この赤字が出ることで、48万円×30％≒14万円の税金が還付されます。

(4) この税金還付を考慮すれば、下記のとおりローン返済額は十分にまかなえます。

家賃収入	96 万円
節税額	14 万円
収入合計	110 万円
ローン返済	Δ86 万円
差　引	24 万円

定年後の安定収入源となります。あるいは値上がり後に売却するもよし。最近、中高年層の購入が増えています。さあ、あなたもワンルームマンション投資！

「うん、これはいいじゃないか。ひとつパンフレットを取り寄せるか」

最近、おじいちゃんのアパート経営の試算をしたところ、年間360万円の家賃収入に対する税金が、ざっと90万円。これなら悪くないと考えていた矢先で、パパはかなり乗り気なようです。

高収入、金利の必要経費の保証は？

おっと田中さん、「これは有利」と単純に考えないでくださいよ。この話にはいくつか落とし穴があります。

まず、年6％の家賃収入がどこまで保証されるか。借入金の返済は30年の長丁場。この間ずっと、このパーセンテージの収入が保てるかどうか……。

それから元利均等返済ですから、借入金利子の金額は徐々に減っていきます。確かに最初の年は48万円を必要経費で落とせますが、10年後は38万円、20年後は24万円、その後急速に減少し25年後に至っては、返済額86万円のうち14万円しか必要経費になりません。

将来の大修繕費用をどうする

さらには、投資物件に限らずマンションは、新築後10数年経てばあちこちガタがきます。15年もすれば水回り、エレベーター、外壁などの大修繕が待ち受けています。そうなれば、家賃収入で悠々自適どころではありません。

15年後の時点で、970万円の借入金が残っています。借金地獄から抜けだすために、マンション売却を試みても、価値下落でおそらく思うような値段では売れないでしょう。結局は借金だけ残ることになりかねません。

30％の節税状態がいつまで続くか

また、節税額を30％（所得税20％・住民税10％）の税率で計算することも疑問です。確かに今は、年収が1000万円あるからその計算で正しいのですが、将来、年金生活者になればそんな高収入は見込めません。となると節税効果の税率は、せいぜい15％（所得税5％・住民税10％）といったところでしょうね。

減税があれば節税効果は薄れる

仮に高収入を維持できるとしても、減税で税率構造が変われば、節税メリットは薄れてしまいます。現在、課税所得が1800万円以上の人に適用される所得税の税率は40％です。そこで、たとえば、課税所得2000万円の人で所得が100万円減少すれば、住民税10％を含めて「100万円×50％」の計算で50万円減らせますが、税制改正で税率の区切りが変れば、この先どうなるかわかりません。

収支尻がマイナス

致命的なのは、たとえ利回りや償却費の問題がクリアできても、このケースでは、そもそも収支が合いません。正しい収支計算はこれです。

家賃収入	96万円
節税額	14万円
ローン返済	Δ86万円
諸経費	Δ70万円
差引計	Δ46万円

減価償却費は計算上の数字ですから、収支の計算には出てきません。だけど、固定資産税などの諸経費は、支出項目として計上しなければなりません。そうなると、年間46万円の持ち出しです。

将来の値上がり益に期待

不動産投資で潤うのは、将来のキャピタルゲインが得られる場合です。バブル時代（平成初期）にワンルームマンション投資が流行ったのは、将来の値上りを期待してのことでした。

譲渡益に対する課税を考慮してもなお、毎年の持ち出しの累計額を上回るような土地の値上がりが、将来見込めるかどうか……。現在の不動産市況では大いに疑問ですね。

バブル期に「小口不動産証券」というのが大流行しました。現在の「不動産投資信託証券」（いわゆるリート）とは違います。たとえば、30億円のビル購入代金を30口に分割し、1口1億円で売りに出す。最初から募集後10年経ったら転売することが決まっています。保有期間中は、減価償却費や借入金利子で不動産所得は大赤字。そのくせバブルのまっただ中ですから、10年後の売却で多額の売却益をゲットするという、お金持ちを対象とした商品です。大ヒットし飛ぶように売れました。

❀うまい話には裏がある

10年後、転売はどうなったか――バブルがはじけて凄まじい地価下落となりました。その結果、10年後に回収できたお金は2000万円から3000万円。つまり7000万円ないし8000万円の大赤字です。証券の発行元は主として信託銀行でした。そこを相手取ってあちこちで損害賠償の訴訟がなされ、ことごとく銀行側の敗訴でした。当初の顧客に対する説明が不十分、という理由からです。

現在発行されているリートは、これとは全く異質の商品です。○○リートという上場投資法人が市場で資金調達を行い、そのお金で不動産を購入して、家賃収入を投資主（出資者）に分配します。出資は1口数万円から可能で、分配金が年利率3％、4％という高利回りのリートも珍しくありません。

こうなると出資者にすれば、もはや不動産投資という感覚はありません。株式投資よりも高利回りの投資信託の一種、という安定した投資対象となっています。

それにしても、バブル期の小口不動産証券はひどい商品でした。誰も予見できませんでしたが、結果的に〝詐欺商法〟です。今後、そのような商品が再現しないよう、皆がこれを他山の石として、念頭に置いておくべきでしょう。あたり前のことながら、うまい話には裏がある、ということにご注意あれ。

第17話

パパが単身赴任に

別居したときの扶養控除

田中さんちのパパが転勤になりました。これまで本社勤務だったのが、地方の営業所に配置転換です。高校生のツヨシくんとママを残して、パパは単身赴任することにしました。

これから2世帯の生活で物入りになることと、もうひとつ、最近ママの頭を悩ませていることがあります。

「パパの税金、別居で高くならないかしら……」

ワークライフバランスが唱えられる昨今でも、遠方での業務のために家族と離れて暮らす、単身赴任の割合は増加しています。（労働政策研究所の統計）一部企業では、コロナ禍におけるリモートワークの普及を受け、単身赴任を解除する動きが見られるものの、今後早期に単身赴任者が大きく減ることは考えにくいという意見もあります。

別居しても扶養控除などはなくならない

同居していないと、配偶者控除や扶養控除が受けられず、その分税金が高くなってしまう――奥さんのご心配は、そういうことなんでしょうね。でもご安心あれ。そんなことで国民の皆さまを苦しめるだなんて、われら〝税金〟、そんなケチな了見は持ち合わせておりませんぞ。

現在、田中さんちのパパは、ママとツヨシくんの2人を扶養することで、計76万円（配偶者控除38万円＋扶養控除38万円）の所得控除を受けています。

生計が同一なら別居でもOK

これらの控除の対象となるのは、生計を一（いつ）にする親族で合計所得金額が48万円以下の人です。ここで〝生計を一にする〟というのは、同じ財布で暮らしている状態をいいます。でも、財布が同じかどうかだなんて、外部からは伺い知れません。

そこで、同じ家に同居していれば、明らかに互いに独立しているという痕跡がないかぎり、同一の生計とみます。

さらに、会社・学校・病気療養などの都合で別居している場合に、それでもって即、生計が別だなんてことはいいません。余暇には帰省する、あるいは、生活費や療養費を送金しているということなら、それも同一生計に含みます。

別居の親も所得が48万円以下なら扶養控除

「なるほど、うちは大丈夫なのね」

「そうだな。ところで、それならいずれうちのお袋も、扶養家族になるのかな」

「おばあちゃんが？」

「うん。別居しているから当然ダメだと思ってたけど、親父が亡くなってひとり暮らしになったら、扶養控除で引いてもいいのかなぁ」

お、田中さん、よくぞ気がつきました。今はおじいちゃんの配偶者控除の対象になっていますが、将来、亡くなればお母さまも十分その資格がありますよ。問題は所得が48万円以下かどうか。おじいちゃんが亡くなれば、お母さまは多分、遺族年金を受け取られることでしょう。でも遺族年金は非課税、計算に入れなくても結構です。また、お母さま固有の老齢年金があっても、これまた年間158万円まで税金がかかりません。年金以外で特に収入らしきものはないということなら、おそらく大丈夫でしょうね。

年末調整か確定申告で控除を受ける

あと、扶養控除を受けるための要件がもう一つ、生活費などの送金をしているかどうかです。でもこれは、生活の面倒を全面的にみる、ということではありません。田中さん、お母さまをまったく放ったらかしに、なんてことはないんでしょ。それなりの仕送りはなさいますよね。だったらＯＫです。

該当するようになったら毎年、年末までに会社に申し出て、年末調整に織り込んでもらってください。

離婚、死別、内縁関係と扶養控除

さてここから、少々雑談をいたしましょう。次の人たちが扶養控除の対象となるかどうか。

①　離婚後も養育費の大半を送金している子ども
養育費の大部分を送金しているなら、扶養控除が可能です。なお、その子どもは離婚した配偶者にとっても扶養親族になりますが、扶養控除はどちらか一方にしか適用できません。

②　内縁関係にある人との間に生まれた子ども
内縁関係の夫婦に子どもが生まれた場合、子どもは先ず母側の戸籍に入り、自動的に母

側の名字となります。そこで当然に、母親にとっての扶養控除の対象となります（満16歳以上に限る）。しかし、父親が控除対象とするためには認知が必要です。法律上、認知しない子どもは、内縁の夫にとっては他人で扶養義務はありません。

認知しない子どもは法律上、親子として取り扱われないので、扶養控除の対象となりません。

③　夫の姓の子どもを元妻が扶養している場合

離婚後、妻だけが夫の戸籍から離籍し、子どもは妻が引き取って一緒に住み扶養しているとします。その場合、子どもの戸籍は両親が離婚しても異動を生じません。そこで妻が子どもと異なる姓であっても、生計一などの要件を満たせば、満16歳以上なら妻の扶養控除対象とすることができます。夫にとってはもちろん、従来どおり控除対象となります。あ、控除するのはどちらか一方に限りますよ。

④　公的福祉施設で暮らす家族

生活費や療養費のすべてが公費で賄われていても、保護者としてお小遣いなどの個人的費用を負担していれば対象となります。

⑤　死亡した妻の母を扶養している場合

3親等内の姻族は親族なので、生計一などの要件を満たせば扶養控除が可能です。ただし、離婚によって姻族関係を終了した場合には、妻の母との姻族関係も自動的に終了します。死別の場合は、生存する夫が姻族関係を終了させる意思表示（届出）をしない限り、姻族関係は継続します。そこでその意思表示をしていなければ、従来どおり扶養控除が受けられます。

学生アルバイトには27万円の控除

雑談の第2弾です。これまでお話しする機会がありませんでしたが、いわゆる所得控除（15種類）の中に、「人的控除」と呼ばれるものがいくつかあります。基礎控除、配偶者控除、配偶者特別控除、扶養控除の４つの他にも、障害者控除、寡婦控除、ひとり親控除、勤労学生控除の４つがあります。

「勤労学生控除」は簡単です。高校生や大学生のアルバイト収入は通常、給与所得でしょう。そのとき主婦のアルバイトと同じように、〝１０３万円の壁〟が問題となります。「給与所得控除55万円＋基礎控除48万円＝１０３万円」という計算でしたね（第12話参照）。もし、年収１０３万円を超えて稼いだら、所得税の課税問題が生じます。そこでそれを緩和するため、学生の場合はさらに『27万円』の控除を認めています。つまり、学生にとっては、１０３万円＋27万円＝１３０万円が〝壁〟となります。

ただし、誤解しないでいただきたいのは、その学生の親が扶養控除を適用するには、あくまで子どもの合計所得が48万円以下でなければなりません。ここではやはり103万円の壁が生きています。

障害者控除の対象者は本人および生計一親族

次に、「障害者控除」は少々複雑です。次のように3通りの控除額が設けられています。

①　一般の障害者1人につき……………27万円
②　特別障害者1人につき………………40万円
③　同居特別障害者1人につき…………75万円

〝一般〟か〝特別〟かの違いは、実務ではまず、1・2級手帳の有無で判断します（詳細は第39話）。身体障害者手帳で1級または2級と認定されている人が特別、それ以外の方は一般と理解しておけばいいでしょう。

ここで大事なのは、この控除の対象となるのは、申告する本人だけでなく、生計を一にする合計所得48万円以下の配偶者や扶養親族を含む、ということです。さらに同居している特別障害者ということなら、割増しで控除が受けられます。

ひとり親控除は婚姻歴の有無や男女を問わない

さて、最後に「ひとり親控除」と「寡婦控除」の説明ですが、これは話がかなり複雑です。両者の違いを表でまとめると、下表のとおりです。

〝ひとり親〟は未婚の母（父）だけでなく、離婚や死別後に再婚していない人も含みます。ただし、合計所得が48万円以下の生計一の子ども（年齢は問わない）がいることが条件です。もしいなければ、次に〝寡婦〟に該当するかどうかの検討を行います。離婚の場合は、合計所得が48万円以下の親族を扶養していなければダメ。

両者は控除額が違います。まずはひとり親控除でいけるかどうか、それがダメなら寡婦控除に該当するかどうか、の順にご検討ください。

	ひとり親控除	寡婦控除
婚姻事実	婚姻歴の有無を問わない	夫と離婚・死別後に婚姻していない
	事実上婚姻関係と同様の事情にあると認められる人がいないこと	
性　　別	男女を問わない	女性のみ
扶養条件	生計一の子どもがいる	扶養親族がいる（死別のときは無しでも可）
所得基準	合計所得金額 500 万円以下	
控 除 額	35 万円	27 万円

第18話 ママのヘソクリが貯まったら

税務署はヘソクリをどう扱う？

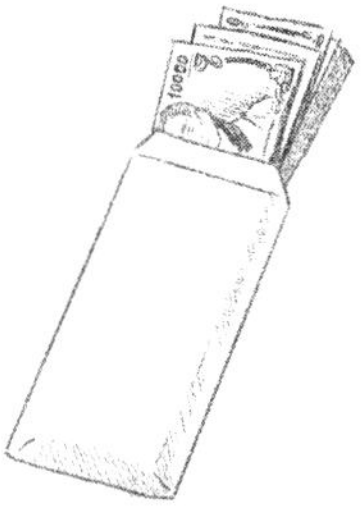

田中さんちのママは、スーパーのレジ係のパートをしています。お給料はツヨシくんの塾・お稽古ごと代や家計費に回しているので、自分がやりくりできるお金はそんなにありません。そうかといって、お仕事の合間に行う、近所の奥さん方との喫茶店でのおしゃべりや、友達との外食の費用などを家計簿につけるのは気がひけます。

そこでパパにはないしょで、ときどき、パパのお給料の振込み口座から引き出した、毎月の生活費のうち余った分を自分の財布へ……。そんなお金が少し貯まってきました。どうしようかしら。このヘソクリが、ツヨシくんの大学受験とともに、目下、ママの心配の種です。

ヘソクリは贈与ではない

〃ヘソクリ〃を法律的にどうとらえるか、これは結構難しいテーマだと思います。まず、贈与なのかといえば、そうではなさそうです。

贈与は法律上の契約ですから、「あげます」「もらいます」と両者の息があって初めて成立します。あげたくても相手が受け取ってくれなければ贈与にならないし、また、ヘソクリのように、あげてもいないものを勝手にもらってしまっても、それは贈与ではありません。

ご主人があげるといったら、それはヘソクリではないんだし……まあ、ヘソクリに贈与税の出番はない、と考えていいでしょう。

窃盗でもない？

それじゃヘソクリは窃盗なのか——ドキッとさせるようなことをいってしまいましたが、これもなんだか変ですね。ご主人が奥さんを窃盗罪で告訴しただなんて、そんな話は聞いたこともありません。

それもそのはず、法律というのは常識的な感覚で書かれています。「刑法」をひもとけば、親子や夫婦の間で窃盗があっても、それは刑罰の対象としないことになっています。

ついでに申せば、兄弟の場合は、お互いに独立して生計を営んでいる間柄だと罰せられることもある、ということらしいですから油断は禁物……。

ヘソクリは共有財産

話があらぬ方向に飛びましたが、税金上の取扱いとしては結局、ヘソクリのようないずれの持ち物かはっきりしないものは、夫婦共有と考えることになります。

奥さん名義で不動産を買ったとか、明らかな贈与があれば、そこで贈与税が問題となるでしょう。でも、ヘソクリのお金を税務署が探し出して税金をとるだなんて、まず考えられません。そんなことをすれば家庭争議のもと……われわれ〝税金〟は、そこまで野暮ではありません。

相続時に共有財産を整理

結局、ご夫婦間の問題ですから、お二人がご存命の間はあまりとやかくいいません。だけど相続の折には、そこのところをきちんと整理してもらう。つまり、夫婦共有で残ったものは相続税の洗礼を受ける、というのがわれわれの基本的な考え方です。

でも、まあ田中さん、ご安心ください。相続税には結構大きな基礎控除がもうけられています。田中さんのお宅なら、相続人は奥さんとツヨシくんの2人ですから基礎控除が4200万円。つまり、ヘソクリも加えて相続財産が4200万円以下なら、相続税の心配はいりません。

「だけどうちは、4500万円の自宅を買いましたけど……」

いえ奥さん、ご安心ください。相続税を計算する際の不動産の評価は、土地が路線価、建物は固定資産税評価額と、実勢時価よりかなり低い評価です。さらに自宅の敷地は、奥さんが相続する際には80%評価減という、魔法のような特例を用意しています。だからマンション敷地に対する田中さんの持ち分が、路線価評価で2000万円だとしても、20%の400万円で評価できます。

年間110万円の贈与税非課税枠も設けています。ささやかな蓄えに対してまで、根こそぎ課税するだなんて、われわれは考えていません。税務署も、ありったけ出せ式の悪代官のような所業には及びますまい……そのように信じたい気持ちです。

❖相続税の申告の際どう説明するか

ただし、年間110万円の基礎控除を上回る場合で、奥さん名義の預金が数百万円と、まとまった金額で出てきたときは要注意。これは私がヘソクリで貯めたお金だから申告しない、という言い分はちょっと通らないでしょうね。

たとえ、ご主人からもらった（贈与された）と言い張っても、それでは、いつ、どのようにしてもらったものか説明せよといわれ、そこで返答に窮したらちょっと勝ち目はないとお考えください。

やり玉にあがるのは名義預金

相続税の調査で一番問題になるのは、奥さん名義をはじめ、子ども・孫など家族の〝名義預金〟です。

相続税の申告があれば、税務署は銀行や証券会社へ、本人とその家族名義の預金等の残高照会をかけます。申告書に登場する先はもとより、自宅近く、あるいは通勤経路上の、これはと思う金融機関に軒並み照会状を送りつけ、そこで浮かびあがった名義預金をとことん調べます。

以前に贈与を受けた、などと主張してもなかなか聞く耳もたず。年間110万円の非課税枠以内で贈与したものと、はっきり判別可能なものはともかく、贈与税の申告なしで数百万円の預金名義が切り替えられていたとなると、税務署としてはそのまま見過ごすわけにはいきません。

名義預金は相続財産に追加

いずれにせよ、相続税の申告の折には、奥さんの手持ち財産も税務署の目にさらされることになります。そのとき、ご自身にかつて収入があった、あるいは親から相続を受けたといった、しかるべき事情があれば問題ありません。

ところが世の中、専業主婦でこれまでまとまったお金の入る機会がなかった、にもかかわらず大きな預金がある、というケースがときどきあります。

そうした場合、税務署がその名義預金を見つけ出し、それに対して遺族は、ああだこうだと抗弁するものの聞き入れられず、結局は相続財産に追加されて修正申告、という結末を迎えるケースがほとんどのようです。

被相続人が管理していたお金は親族名義でも相続財産

ここで「名義預金」のことを、少し詳しくレクチャーしておきましょう。

名義預金はヘソクリに限らず、亡くなった被相続人の名義ではないのに、被相続人の財産とみなされる預金のことです。税務調査では、口座に預けられたお金の出どころや、名義人がその口座の存在を知っていたかなどの実態をもとに、預金が誰の財産であるかを判定します。

次のいずれかに該当すれば、おそらく名義預金とみなされます。

① 被相続人が親族名義で口座を開設した
② 預けられたお金の出どころが被相続人のものである
③ 被相続人が口座を管理していた

④　名義人が口座の存在を知らない
⑤　名義人は贈与されたと認識していない

明確に立証できないものは当初申告で加えるのが賢明

税務署には、預金口座のお金の流れを調べるための強い権限があります。相続税の調査では、亡くなった被相続人だけでなく、相続人の預金口座の過去の入出金も、相当な期間遡って調べられます。特に預金通帳で100万円以上の金額の入出金があれば目を付けられやすく、その先で名義預金が見つかる可能性が高いと考えた方がいいでしょうね。

税務調査で家族名義の預金が名義預金と判定されると、その預金は相続税の申告からもれていたことになります。その際、相続税が追徴課税されるだけでなく、過少申告加算税、延滞税などのペナルティーが、結構な金額で課されます。悪質な脱税と認定されて重加算税がかかるとなると、とんでもない事態になります。

上記①～⑤に該当するときは、名義預金ではない（自分が稼いだ、あるいは親から相続を受けた）と、十分な証拠と共に主張できる場合はともかく、そうでないときは最初から相続税の申告に含めておくのが賢明かと、わたしは思います。

第19話 ツヨシくんの大学受験

教育費と税金

「私立だと、年間100万円以上するんだろうなぁ」

「ええ、1年目は入学金とかで、もっとかかるんじゃない？」

「そうか。オレも4年間はがんばって働かなきゃなあ……。ところで、年間110万円を超えたら贈与税なんだろう。大丈夫かな」

「贈与税？　まさかそんなの、かからないでしょう」

「うーん。まあうちは関係ないけど、医学部なんかだと入学金だけで、何千万円もするんだろう。そうなると、いくらなんでも贈与かなぁ」

田中さんちのツヨシくんも、来年は大学受験です。1か月ぶりに単身赴任から戻ったパパをつかまえて、ママが学費の相談をしています。

教育費の負担は贈与なのか

贈与税の基礎控除は、ご存知のとおり年110万円。確かに田中さんがおっしゃるように、これを超える部分には、税金を払っていただくことになっています。でも問題は、親が子どもの学費を負担するのが、〝贈与〟になるのかどうかです。

贈与とは相手方に無償で利益を与えること――このことからすれば、教育費の負担も贈与ではあります。教育費にかぎらず、生活費やお小遣いを渡すのだって、贈与に違いありません。でもだからといって、それで即、贈与税だなんて、そんな非常識なことはいいませんよ。われわれ〝税金〟も、良識は持ち合わせています。

民法をひもときましょう。第877条で「直系血族および兄弟姉妹は、互いに扶養をする義務がある」と定めています。直系血族とは親と子、祖父母と孫など縦の系図の関係です。

こうした扶養義務者の間で生活費や教育費を負担したとき、贈与税は非課税とする扱いを、税法でもきちんと設けています。だから入学金や学費が年間110万円以内に収まらなくても、どうぞご心配なく。たとえ数千万円する医学部の入学金や寄附金でもOK。われら〝税金〟は黙って見過ごします。

まとめて渡すのはダメ

ただし、こういうのはダメ。下宿生活に責任を持たせるため、在学中4年間の生活費として1000万円（月額約20万円）を子どもに一度に渡す……。これは完全に贈与税の課税対象です。

生活費や教育費が非課税となるのは、必要のたび、直接支払いに充てるために渡すお金に限ります。4年分まとめて渡しても、子どもが親の思いどおりにそれを生活費に充てるかどうか、保証の限りではないですからね。

1500万円教育資金贈与の特例が3年間延長

令和5年3月まで、「教育資金贈与の特例」というのがあって、教育資金として渡すときは1500万円まで非課税とする制度が、厳格な管理のもと認められていました。平成25年4月から始まった制度で、利用者は最初こそ年間7万人ぐらいありましたが、尻すぼみに減少し最後は年間1万人未満でした。利用は1人1回だけですから、お金持ちの人はほぼ利用し尽くしたのでしょう。

さらに、お金持ちの相続税対策という意味合いが強いですから、国民の格差助長を抑制する観点から望ましくない、ということで廃止されるかと思いきや……令和5年度の改正で、さらに3年間延長されました。

株式や不動産の名義を変えれば贈与税

そのつど贈与の話に戻って、贈与税の課税問題を避けるには、授業料などは期日に学校へ直接納める、生活費は月単位で子どもに渡すといった配慮が必要です。

こういうのはどうでしょう。毎月定額の生活費が子どもの手に渡るよう、株式や賃貸マンションを子ども名義に変える。そうして、配当や家賃収入を学費や生活費に充てさせる……。一見、合理的なようですが、これもやはりダメ。子ども名義に切り替えた時点で、株式や不動産の贈与があったものとして、贈与税を頂戴します。

名義が親なら子ども専用車でもOK

通学用に自動車を買い与える、これももちろんダメです。自転車、ミニバイク、110万円以内の軽乗用車程度ならともかく、それ以上のものをプレゼントすれば、やはり贈与税の出番です。

あれもダメ、これもダメと、うるさくいってゴメンなさい。でも、われわれが気にするのはもっぱら名義の問題です。たとえば車なら、いくら子どもが乗り回していようと、それ自体は構わない。親（お金を出した人）の名義にさえなっていれば目をつぶります。子どもの名義にしなければ、贈与だなんていいませんからご安心を。

贈与税の課税形態はさまざま

ここでひとつ、海外税務のことをお話しておきましょう。ある人がこんな発言をしています。

「世界には相続税や贈与税のない国がある。たとえば、オーストラリアとシンガポール。そこで、日本に居住するAさんがオーストラリアで別荘を買い、これをオーストラリアに居住しているBさんに贈与したとき、贈与税はどうなるか。

オーストラリアにある別荘なので、この贈与にはオーストラリアの税法が適用される。そこで、贈与を受けたBさんに贈与税はかからず、かかるとすればAさん。ところがAさんは日本に居住しているので、日本国の法律が適用。そして日本では、贈与税は贈与された側に課税。ということは、Aさん、Bさんいずれにも贈与税はかからない。

このしくみを利用して、子どもをオーストラリアに留学させ、留学中にどんどん贈与すれば相続税対策になる！」

税務の国際化が著しい時代

この方のこの知識は、20年以上前のものです。確かにこのようなことになった、古きよき（？）時代もありました。しかし、暮らしの国際化に伴い、税務の国際化もどんどん進展しています。今や国境を越えた贈与も珍しくない時代となってきました。もはや、この発言のような事態が見過ごしにされる時代ではありません。

10年を超えて非居住者なら国外財産は非課税

いま、日本の相続税・贈与税の課税対象は、次のようになっています。

被相続人（または贈与者）と相続人（または受贈者）の

① いずれかが居住者（日本国内に住所がある人）⇩ 国外財産を含む全財産に課税

② いずれも10年を超えて非居住者 ⇩ 日本国内の財産にのみ課税

もう少し詳しく、フローチャートで説明すれば、次のとおりです。

日本の相続税・贈与税の課税を逃れたかったら、親子ともに日本を離れて10年超の異国暮らし――いかに節税のためとはいえ、そこまでやろうという人は、そうそういらっしゃらないでしょうね。

［相続税・贈与税の課税範囲］

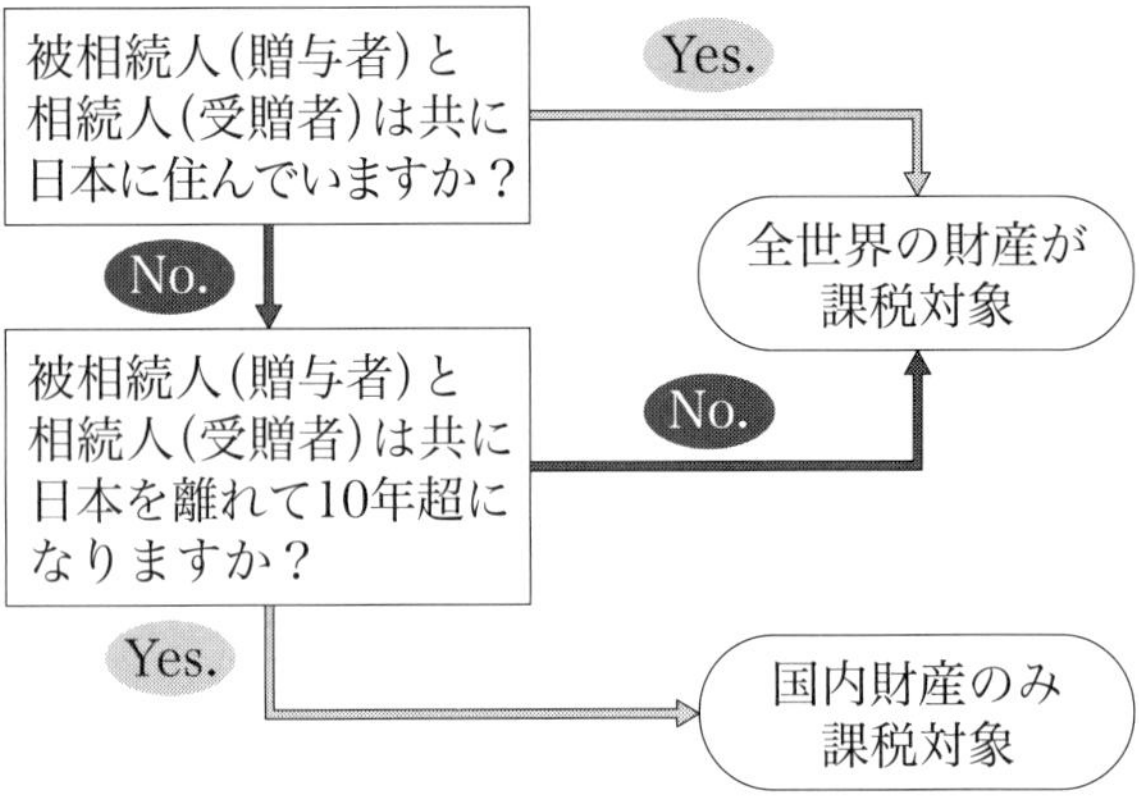

ライフステージ❹

事業を始める

（40代後半）

第20話 パパが脱サラ(1)

退職金課税

「それって、税金かかるのかしら？」
「うーん、やはり来年、確定申告かなぁ」
田中さんちのパパが、この8月末に退職しました。脱サラして新しく事業を始めるためです。
８００万円の退職金をもらいましたが、ここに税金がかかるかどうか、パパとママが頭を悩ませています。

退職金は特別待遇

退職金には3通りのイメージがありますね。

① 永年の勤務ご苦労さん

② 若いうちに安く働かされたのでその穴埋め

③ 国の社会保障の不備を補うために会社が行う退職後の生活保障

いずれにせよ普通のサラリーマンにとっては、おそらくまとまったお金を手にする唯一といっていい機会。その喜びに水をさすまい、という〝税金〟の良識がここで働きます。

退職所得は分離課税

所得税は通常、総合課税です。給与所得・事業所得・不動産所得などの合計額に累進税率を適用します。ところがなかには、それらと切り離して単独で課税（分離課税）するものがあります。利子所得や不動産・株式等の譲渡所得がしかり、退職所得もそのひとつです。

また、分離課税には「源泉分離」と「申告分離」の2通りあって、所定の手続きを経て受け取る退職金には所要額の源泉徴収がなされるので、通常の場合、確定申告は不要です。

❁勤続1年につき40万円の非課税枠

退職所得は次の算式で求めます。

（収入金額－退職所得控除額）×$\frac{1}{2}$＝退職所得金額

ここで「退職所得控除額」の計算は、次のようにします。

①　勤続年数が20年以下の場合……40万円×勤続年数

②　勤続年数が20年超の場合……８００万円＋70万円×（勤続年数－20年）

よって、勤続年数が10年であれば、40万円×10年＝４００万円まで税金はかかりません。田中さんの場合、入社してから24年が経過しているので、８００万円＋70万円×（24年－20年）＝１０８０万円が非課税枠となります。

それ以上の退職金をもらったら――たとえば勤続24年で１２００万円支給されたとすれば、次の計算です。

〈退職所得〉

（１２００万円－１０８０万円）×$\frac{1}{2}$＝60万円

〈税金〉

所得税：60万円×５％＝３万円

復興特別所得税：3万円×2・1％＝600円（100円未満切捨て）
住民税：60万円×10％＝6万円

支給額が退職所得控除額を超えると、税金を納めていただかねばなりません。所得税の税率は所得金額195万円まで5％です。さらに所得税の2・1％相当額の復興特別所得税がかかり、住民税は一律10％です。そこで合計9万円ほどの課税とあいなります。

なお、この税金は自分で納めるのではなく、給料と同じように、住民税も含めて会社が天引き（源泉徴収）します。

途中退社すると税金の一部が戻ってくる？

「そうかぁ。助かった」

「申告しなくていいのね」

「新しい仕事の方、年内は準備期間で収入がないから、来年から事業所得の申告だな」

「じゃあ、今年の分は確定申告しなくていいのね」

「うん、そうだな。8月までの給料は源泉徴収してるから、申告なんていらないんだろう」

おっと田中さん、お待ちください。今年の税金は、たぶん還付になりますよ。

退職した年は源泉徴収が過大

毎月の給料からの源泉徴収の税額は、その月収が1年間通じてあるものとして計算します。ですから、収入が途中でとぎれた場合、年収が減った分だけ徴収額が過大となり、この過大部分の税額は確定申告をすれば精算され戻ってきます。

田中さんは、8月で給与所得がなくなりました。ということは、やはり源泉徴収が過大ですから、本来なら税金が戻ってきます。確定申告すれば還付になるのに横着して放っておくと、権利放棄になってしまいますからご注意を。

今年は住民税の心配なし

さてついでに、住民税のこともお話しておきましょう。住民税は1年遅れの課税です。今年納める税金は昨年1年間の所得に基づいて計算し、サラリーマンなら今年6月からスタートして向こう1年間、毎月の給料から徴収します。

田中さんの場合、8月分の給料まで6・7・8月の3回、天引きされ退職しました。残り9回分はおそらく、退職金からまとめて徴収ずみと思います。ですから今年はもう、住民税の心配はいりません。

なお、今年の所得に対しては、来年になってから住民税がかかってきます。年明けに提出する所得税の確定申告書に基づき市役所で税額を計算して、その年の6月上旬ごろに通知書と納付書が送られてきます。個人で事業をしていると、住民税の月々天引き制度はありません。6月末を初回とし、翌年にかけて数回の分割で納めることになります（一括納付も可）。

勤続年数5年以下の場合は厳しい取扱い

ここで退職金の課税に関して、厳しい取扱いを2つ紹介しておきます。

(1)　役員退職金の取扱い

勤続年数5年以下で役員を退任する人には、2分の1課税を適用しない。

この場合の退職所得は、次の算式で求めます。

収入金額－退職所得控除額＝退職所得金額

(2)　勤続年数5年以下で退職する一般従業員の取扱い

支給額が300万円を超える部分には、2分の1課税を適用しない。

どうしてこのような取扱いにしているかというと、2分の1課税はもともと、長期間勤務の対価の一括後払いに対する、税負担の緩和措置として設けられています。ところが、短期間のみ在職することが当初から予定されている人に対し、毎月の給料の受取りを繰り延べて、高額の退職金の受取りで税負担を回避するのを防止するためです。

なお、役員退職金はともかくとして一般従業員の場合、勤続年数5年の平均的な退職金支給額は、会社都合の場合で100万円程度のようです。したがって、この厳しい取扱いの適用対象となる人は、極めて限定的です。

国民年金や国民健康保険料も納付

さて、脱サラすると、国民年金や国民健康保険の保険料も自分で支払わねばなりません。これまでは会社で半額負担してもらい、しかも、手続き一切を会社に任せっぱなしだったのが、今後は自らの手を煩わせていただかねばなりません。

国民年金は毎月末日に納付します（一括納付も可）。そして、国民健康保険料は住民税と同じく、市役所で前年の所得などに基づき計算した金額を納付します。

第21話

パパが脱サラ(2)

事業所得と税金

「青か白か、それが問題だ……」

「何よ、それ?」

「来年から税金の申告をするんだけど、2種類あるらしい」

「ふーん、どういうことなの」

「青色申告と白色申告の2つあって、青色だといろいろ特典があり有利だそうだ」

「じゃあ、それにすれば」

「ところが、それだと帳面付けがかなり面倒らしいんだなあ」

「あーら、それも困りものね」

田中さんちのパパとママ。学生時代から、カウンター内のバーテンダーにあこがれていたパパが、脱サラでスナックを開店。苦節25年、ようやくパパの念願がかないました。

お店は幸い繁盛してますが、税金の申告や帳面付けなどは、わからないことだらけです。

今後は何事も自分で判断

田中さん、サラリーマンのときは、会社で税金計算をすべてやってくれましたよね。でもこれから「事業所得」になれば、自己責任でやっていただくことになります。たとえ税理士先生にお任せするとしても、最終決断はご自分で、ということになりますよ。

まずは、〝青色申告〟か〝白色申告〟かの選択。片手間ではなく、本格的に事業としてやっていくのですから、田中さんの場合は青でいくべきだと思いますね。

青色申告で正確な記帳を

青色申告は、帳面付けが前提です。帳簿記録に基づいて所得を計算し、税額をはじき出します。帳面付けは根気のいる仕事ですが、商売繁盛は正確な記帳から。税金問題で頭を悩ます前に、もうけがいかほどかを正確に把握するのが経営の基本です。

帳簿なしでも税金計算はできます。だけど、そういうやり方だと無駄が発見しにくく、楽は楽ですが結局は損することになるでしょう。

青色申告には特典がある

開業すれば、1か月以内に税務署へ「開業届」を出すことになってますが、2か月以内に「青色申告承認申請書」も提出してください。

青色申告にはいろいろ特典があります。一つは家族に支払った給料を必要経費にできるという点。白色申告でもそれはできますが、金額は年間86万円どまり。その点、青色なら合理的な金額までいくらでも可能です。ただし、実際の働きぶりに応じた金額まで、ではありますが…。

また、開業当初は赤字が出がちです。青色ならこの損失を翌年に繰り越して、翌年の利益から差し引くことができます。白色だとそれが認められず、損失はその年限りで切り捨てです。

そのほか、「青色申告特別控除」(所得から最高65万円の控除)や、各種引当金の計上といった特典もあります。

納税は自動振替が便利

今後は、毎年3月15日までに申告を行い、納税もしなければなりません。納税は銀行などへ出向き納付書で納めますが、〝自動振替〟という便利な制度もあります。税務署へ「口座振替依頼書」を出しさえすれば、電気代などと同じように、本人の預金口座から税金が自動的に引き落とされます。

引落し日は年によって違いますが、だいたい4月の20日過ぎ——資金繰りの面でも多少はお得です。税務署側も徴税もれが防げることから、この制度を積極的に推奨しています。

なおネット社会の今日、自宅でインターネットを利用して、〝e-Tax納付〟や〝クレジットカード〟による納付、あるいは二次元コードを使ったコンビニでの納付もできます（これらの納期は3月15日）。

予定納税もある

それから、3月や4月に1年分をまとめて支払うのは大変でしょうから、前年の7月と11月にあらかじめいくらかずつ納税しておくしくみ（予定納税）もあります。いかほど支払っていただくかといえば、前の年の年間税額の3分の1ずつ、というのが原則です。とはいえ、今年は業績が悪くて去年ほど利益が出そうにない、というときは税務署でご相談ください。

事業税と住民税もかかる

所得税のほか、利益が出れば「事業税」と「住民税」もかかります。個人の住民税は、所得税に連動し10％の税率で課税。事業税の方は年間290万円の免税点があり、所得からこの金額を差し引いた金額に課税されます。税率は業種によって若干異なり、3％から5％です。

事業税、住民税のいずれも、確定申告は不要です。所得税の申告をすれば、市役所等で税額を計算して納付書を送ってきます。年何回かに分けて（あるいは一括で）、銀行などで納めますが、こちらにも自動振替制度があります。

売上げには10％の消費税

あれこれ税金がかかって恐縮ですが、最後にもう一つ、「消費税」のこともお話ししておきましょうか。

消費者にとってこの税金は、買い値に10％上乗せされるいまいましい存在、というだけの認識でしょうが、事業者にとっては手間隙のかかるやっかいな代物です。消費税の計算はこうします。

売上高×10％－仕入高×10％＝納付税額

仕入れに含まれる税金を控除

この計算、一見簡単そうですが、実はなかなかやっかいです。売上高はわりとはっきりしてますが、問題は仕入れのほうです。

消費税でいう〝仕入れ〟は、普通の仕入れよりうんと広範囲のもの——商品仕入れはもとより、もろもろの経費の支払い、さらには建物、備品、車など資産の購入まで含まれます。しかも、経費でも仕入れになるものならないものが入り混じっていて……などと、とにかく話が複雑です。

零細事業者には救済策

正式に消費税の計算をするとなると、よほどの労力を覚悟していただかねばなりません。でも、ご安心ください。われら〝税金〟、田中さんのような方にまで、そんな苦労を強いることはいたしません。

まず、開業後2年間は消費税を納めなくていい、ということになっています。それから3年目以降も、年間売上高が1000万円以下の方は免税事業者で、申告は不要です。さらには1000万円を超えても5000万円以下なら、「簡易課税制度」という簡単に計算できるやり方も用意しています。

面倒なことはいやだ、とおっしゃる方はこれをご利用ください。個人だけでなく会社でも、現実に多くの事業者がこの簡易課税制度で救われていますよ。

令和5年10月からインボイス制度

消費税がらみのお話しをもう一つ。令和5年10月から「インボイス制度」なるものが始まっています。先ほど述べた消費税額の計算をする際、仕入高の10%を控除するためには、仕入取引ごとの〝インボイス〟（一定の要件を備えた請求書、納品書、領収書など）が必要、というものです。

売上先からいちいち、その書類をもらわなければならず、逆にいえば売上先は仕入先からそれを要求されます。もし提出できなければ、取引から排除されるかもしれません。

さあ大変、かといえばそうとも限りません。田中さんのようなスナック店で、お客さんがそんなものを要求するかどうか――会社など交際費で落とす先はともかく、一般の人にとっては普通のレシートや領収書があれば十分でしょう。

田中さん、インボイス制度なんて気にしなくていいですからね。年間売上げが1000万円以下なら、消費税はお呼びでないし、頑張って1000万円を超えても5000万円以下だったら、簡易課税制度という簡単な計算方法（第3話参照）を用意してますよ。

第22話 パパが脱サラ(3)

事業所得の計算

「うーん、どうするのかなあ」

「棚卸しとか減価償却とか、こんなのわたし、知らないわよ」

「損益計算書っていうのは、前の会社で経理の連中が作ってたなあ」

「できるかしら、わたしたちに……」

田中さんちのパパがスナックを開店し、ママがお店の帳面付けをすることになりました。家計簿を一冊余分につける程度に考えていましたが、税務署でもらってきたパンフレットを読んでいると、いろいろ複雑なことが書いてあります。

●帳簿数字に基づき損益計算書を作成

青色申告をする場合、確定申告書に「青色申告決算書」という書類を添付して提出します。1年間の所得計算の内容が、この中の「損益計算書」に記入されます。

自分で商売してる人の所得を「事業所得」といい、売上げから必要経費を差し引いた金額です。損益計算書は、売上高から売上原価を控除し、さらにその他の経費をマイナスする様式になっています。

売上高－（売上原価＋経費）＝事業所得

この表の数字はすべて、帳簿の金額を書き写すことになっています。

●お金をもらわなくても売上げ計上？

「売上高」はお客から受け取ったお金、だけではありません。〝つけ〟で入金が年明けになる場合、それも今年の売上げに含めます。要は、お客がお店で飲み食いをすれば、その場でお金をもらうもらわないにかかわらず、その飲食代をその日分の売上げに計上します。

身内なのでお金をもらわない、あるいは田中さん自身が飲み食いをしたようなときでも、規定の料金で売上げ計上しなければなりません。こういうのを〝家事消費〟といって、決算書にはこれを記入する欄も設けてあります。

棚卸しを行って売上原価を計算

「売上原価」は、売れた商品の原価……スナックだと、アルコールやつまみ類の仕入金額ですね。さてこの金額をはじくには、年末に〝棚卸し〟という作業が必要です。なあに、簡単な話ですよ。お店に残ってる商品の数を調べ、これに仕入値をかけて在庫金額を計算するだけのことです。

この棚卸しをすれば、次の計算で売上原価の金額が求まります。

期首在庫高＋当期仕入高－期末在庫高＝売上原価

期首在庫高は前年末、期末在庫高は当年末の棚卸高のこと……要するに、この計算式は売れた商品（スナックならサービス提供）の原価を、逆算で求めようとするものです。

経費は家事分と事業分に区別

経費には、給料、地代家賃、水道光熱費、通信費、広告宣伝費、接待交際費、修繕費、消耗品費、租税公課、利子割引料などいろいろあります。

これらの費目は、家事分と事業分をどう区分けするかが問題となりましょう。お店が自宅とは別棟なら区分けも比較的容易ですが、店舗併用住宅だと地代家賃、火災保険料、固定資産税、水道光熱費、通信費といった経費を、使用面積や使用時間などを基準に按分することになります。

所得税と住民税は経費にならない

租税公課のうち、所得税と住民税は必要経費になりません。これらは儲けに対してかかる税金ですから、儲け（所得）を計算する際に差し引くなんて、したくてもできません。

相続税や贈与税ももちろんダメです。経費になる税金は、事業税、消費税、固定資産税、自動車税、印紙税といったところでしょうか。

確定分は年末に未払い計上

なお、いずれの経費も損益計算書に計上するのは、現実に支払った金額だけでなく、その年中に支払うことが確定した金額を含みます。

年明けに送られてくる請求書のうち前年12月以前のものは、年末に「未払金」として計上すれば、その年の必要経費となります。

固定資産は年々価値が減少

建物、備品、車などを固定資産といいます。こうした資産は使っている間、徐々に値打ちが下がり、それを「減価償却費」として必要経費に計上します。

たとえば50万円のカウンターを買ったとして、これは商売に使うものだからその50万円は当然、必要経費です。ただし、いつ必要経費になるのかが問題。

ここで考慮すべきは、そのカウンターが何年使えるか……これを〝耐用年数〟といいます。仮に5年とすれば、5年間で徐々に値打ちがなくなる、それに応じて5年間で徐々に必要経費に計上されていく……ざっとこういう理屈展開です。

耐用年数を何年とするか。「耐用年数表」というのを用意していますから、書籍などでその表をご覧ください。テーブル、椅子、戸棚、カーテン、音響設備などなど、資産ごとにお示ししています。なお、1つ30万円未満のものは固定資産ではなく、「消耗品費」として購入したその年に、必要経費としていただいて結構です。

価値減少度合いについて2つの考え方

減価償却に関し、毎年いくら値打ちが下がり必要経費となるのか。これについては2通りの考え方があります。

① 毎年同じ金額ずつ値打ちが下がる
② 使い始めのほうが値打ちの下がり方が早い

いずれと考えるかで、減価償却の計算の仕方が違います。①と考えれば「定額法」、②なら「定率法」です。いずれにせよ、さきほどのカウンターだったら、5年間で合計50万円が必要経費になります。要は5年間、10万円ずつ必要経費にするか、最初にたくさん、徐々に尻すぼみの形にするかの違いです。

いずれを選択するも自由

税法では、建物、附属設備、構築物は必ず定額法、その他の資産はどちらの方法も認めています。開業時に「減価償却資産の償却方法の届出書」を税務署に提出し、いずれかを選択することになります。

もし届出をしなかったら……そのときは〝定額法〟を選択したことになります。定額法だと計算が簡単です。それに、新規開業なら最初のうちは採算に乗りにくいから、定率法でたくさん必要経費を計上してもしようがない。そうお考えならあえて届出をせず、定額法にしておけばいいんじゃないでしょうか。

最高65万円の青色申告特別控除

最後に、「青色申告特別控除」の説明です。開業後2か月以内に「青色申告承認申請書」を税務署に提出し、簡単でいいから帳面付けをすれば、それだけで『10万円』の控除が受けられます。

もっとたくさん控除を受けたかったら、〝複式簿記〟で帳面付けをすることです。小遣い帳や家計簿レベルの収支計算でなく、借方・貸方を使った計算です。複式で帳面付けをすれば、損益計算書だけでなく貸借対照表も自動的に出来上がります。損益計算書で1年間の経営成績を明らかにし、さらにその結果、年末時点でプラス（資産）とマイナス（負債）の財産がいかほど残ったかを示すのが貸借対照表です。２枚の表を申告書に添付することで、特別控除額は『55万円』に跳ね上がります。

複式簿記とe-Taxにチャレンジ

さらにもうひとつ、申告書の提出をe-Tax（電子申告）で行えば、ご褒美として控除額が10万円上乗せされ『65万円』となります。田中さんの奥さんはお若いのですから、これから頑張って複式簿記の技術を身につけ、さらにe-Taxにも挑戦してみられてはいかがですか。

「頑張ってみろよ。オレは店のほう、しっかりやるから」

「ええ、明日から簿記学校に通うわ」

その意気、その意気です。

第23話 ツヨシくんのアルバイト

給与所得と税金

「ねえパパ、アルバイト先で給料もらったんだけど、これ何?」

「ん、どれどれ……」

田中さんちのツヨシくんも、はや大学1年生。4月から半年間の期間限定で、月に何度かデパートの配送センターでアルバイトをしています。夏休みの1か月間はお中元の配送でお忙し。1日8時間、自給1500円で20日間働いたので、総額24万円もらえるはずなのに、給料袋には20万6600円しか入っていません。袋にはお金と一緒に給与明細書が入っていて、パパにそれを見せています。

「うーん、3万3400円の源泉が引かれて、手取りが20万6600円……」

「ゲンセンって、何?」

「税金だよ、パパも会社から給料もらってたときは、いつも引かれてたなぁ」

「あら、だけど学生アルバイトで税金だなんて、それおかしいんじゃない？」

と、ママが横から口をはさみます。

「うーん、そうだなあ、学生に税金がかかるだなんて、ひどい話だなぁ」

給与には所得税の源泉徴収

ツヨシくん、申し訳ないですが、やはり所得税（および復興特別所得税）の天引きは必要です。24万円の月給に対する税額は３万３４００円ですから、計算も間違っていません。とはいえ、こうした給料に対する源泉徴収は仮の姿――とりあえずそれだけ頂だいしておいて、後日精算することになります。

サラリーマンなら、暮れに〝年末調整〟です。毎年12月に会社で1年分の確定税額を計算し、月々の天引きで足りなければ追徴、多過ぎたら還付します。

確定申告で精算

ツヨシくんの場合、扶養控除等申告書なんて提出していないでしょうから、年末調整はしてもらえない。では、どうするか？　それは〝確定申告〟です。個人で商売している人たちと同じように、翌年の3月15日までに手続きしていただきます。学生だからといって、甘えは許されませんぞ――などと、脅しめいたことを口にしましたが、ご安心あれ。うっとうしいことじゃなくて、トクになる話なんですよ、ツヨシくん。手続きさえすれば、その3万3400円は必ず戻ってきます。

必要経費控除後の所得が課税対象

順を追って説明しましょう。まず、ツヨシくんが稼いだ給料は、「給与所得」として税金の対象になります。ただし、課税対象は給料の24万円にあらず、そこから必要経費を差し引いた〝所得金額〟です。

計算式で書けば「収入－必要経費＝所得」ということで、24万円の収入に対して必要経費がいくらかかっているかです。アルバイトとはいえ、働くには何やかやと物入りでしょう。そこで、最低でも55万円の必要経費は保証することにしています。ということは、収入の24万円からそれを引けば、差し引きゼロ（マイナスにはならない）。

源泉徴収額が納税額以上なら還付

所得金額がゼロなら、納税額もゼロ。結果的にツヨシくんは、税金を納める必要はありません。にもかかわらず、源泉徴収の形でツヨシくんは、アルバイト先を通じて3万3400円の税金を納めている。これは返してもらうのが筋ってものです。

でも、ここでご注意いただきたいのは、自ら手をあげないとそのお金は戻ってこないということ。配達所の正社員なら、さっきいった年末調整の手続きで12月に還付されます。だけど、アルバイト職員で所定の書類を提出していない人には、そういう手間のかかることを会社はしてくれません。ましてや、税務署にその役割を求めても、そんなのまるで無理。ここはひとつ、ご自分で手続きをしてください。

所得税申告書を税務署に提出

おやおやツヨシくん、申告手続きなんて……などと眉をしかめてる場合じゃないでしょ。3万3400円が戻ってくるんですよ3万3400円が。「所得税申告書」なるものを書くことになりますが、なあに大学入試とくらべたらまるでカンタン、ネットで買い物するときの申込みの入力ぐらいの労力で仕上がります。

え？ 税務署へ行くのがうっとうしいですって。ご心配なく。いまは自宅パソコンでの〝e-Tax〟（電子申告）も普及しています。あるいはスマホで申告もできる時代です。

どうしても税務署へ出向く必要があるとしても、今は職員教育が行き届いているから、どこの税務署でもソフトムードで親切に対応してくれるはずです。社会人になれば、いやでも税金問題がつきまといます。早めに社会勉強できるいい機会ですよ。前向きに取り組んでみましょうね。

所得税の基礎控除は48万円

さて、税金還付の話を続けます。ツヨシくん、所得税の計算は暦年ベース、つまり、毎年1月から12月まで通算して行います。夏休みのアルバイトだけでなく、春休みや冬休み、あるいは普段の時期のアルバイト分まで、合計で年間いくら稼いだかです。

たとえば、年間100万円稼いだとしましょうか。この場合も、必要経費（給与所得控除）として55万円はマイナスできます。となると、「100万円－55万円＝45万円」――所得がプラスになって税金がかかるのか、といえばさにあらず。所得税の計算をするときは、常に『48万円』の足切り（基礎控除）があります。

ということは、所得金額の45万円からこれを差し引けば、課税所得はゼロ。やはり税金はかかりません。

27万円の勤労学生控除もあり

ではもし、アルバイトをうんと頑張って、たとえば130万円稼いでしまったときの計算は次のとおり。

130万円－55万円（必要経費）－48万円（基礎控除）＝27万円

やれやれ、こうなると課税所得がプラスだから税金がかかる……かといえばそうでもない。次は「勤労学生控除」の出番です。

社会人にはない、学生アルバイトならではの控除制度を別に用意しており、控除額は『27万円』。これを使えば、所得計算は次のとおりです。

130万円－55万円（必要経費）－27万円（勤労学生控除）－48万円（基礎控除）＝0

年間130万円以下なら課税なし

結論として、収入が130万円を超えると、たとえ学生さんでも税金を負担していただきます。だけど、年に130万円超も稼ぐだなんて、学生の身には大変なことですよね。学業そっちのけでアルバイトにかかりっきり状態になってしまい、そんなの本末転倒ですよ。

ま、普通の学生さんには、アルバイトで税金はかからないよう配慮してますから、ご安心ください。

130万円を超えるとどうなる？

さて最後に、不幸にして（？）年間200万円のアルバイト収入があれば、税金はどうなるか。

まず、給与所得控除額は、下表の算式で計算します。

年収200万円のとき、給与所得の金額は次のように計算します。

給与所得控除額：62万円＋（200万円－180万円）×30％＝68万円

給与所得金額：200万円－68万円＝132万円

次に、所得税額をどう計算するか。税率表は次頁のようになっています。

年収200万円でも還付

年収200万円のとき、所得税額はこうなります。

〈給与所得控除額表〉

収入金額	給与所得控除額
180万円以下	収入金額×40％－10万円 (55万円に満たないときは55万円)
180万円超 360万円以下	62万円＋（収入金額－180万円）×30％
360万円超 660万円以下	116万円＋（収入金額－360万円）×20％
660万円超 850万円以下	176万円＋（収入金額－660万円）×10％
850万円超	195万円

〈所得税の税率表〉

課税所得金額	税 率	控除額
195 万円未満	5％	—
330 万円未満	10％	9 万 7,500 千円
695 万円未満	20％	42 万 7,500 千円
900 万円未満	23％	63 万 6,000 千円
1,800 万円未満	33％	153 万 6,000 千円
4,000 万円未満	40％	279 万 6,000 千円
4,000 万円以上	45％	479 万 6,000 千円

（計算例）
課税所得金額が 500 万円のとき、所得税額は次のとおりです。
5,000,000 円 ×20％－ 427,500 円＝ 572,500 円

課税所得金額：132万円（給与所得）
－27万円（勤労学生控除）
－48万円（基礎控除）＝
57万円

所得税額：57万円×5％＝2万8500円

『2万8500円』の納税額となりますが、ご安心を。200万円の収入に対して、受取り時に源泉徴収されています。徴収額は5万円をくだらないはずで、やはり納めすぎの状態です。確定申告して還付を受けてください。

住民税が課税

ただしこの場合、注意すべきは「住民税」です。住民税は1年遅れでかかります。3月に税務署へ提出した確定申告書の写しが市役所等へ回り、6月に納税通知書が送られてきます。たとえ確定申告をしなくても、アルバイト先の

会社から「給与支払報告書」が市役所から回っています。

住民税の税率は一律10％なので、この計算例では翌年の住民税の納税額が、所得税の還付額を上回りそうです。最後にがっかりさせてしまって、ごめんなさい……。

第24話

クイズに当たった

賞金と税金

「へぇー、あんたすごいじゃない。で、その車、いくらぐらいするの？　２００万！　すごいじゃない！」

「すごい」を連発してるのは、田中さんちのママ。妹から電話があって、ある自動車メーカーのクイズに当選し、賞品として定価２００万円の車をもらったとのこと。

「でも、それって、税金かかるんじゃない？……そうよ、２００万円ももらったら半分税金よ」

おやおや、ママの脅しで、電話の向こうの妹さんの顔が青ざめてきました。

たまたま受けるものは一時所得

田中さん、半分が税金というのは言い過ぎですよ。だけど確かに、クイズや福引きなどの賞金・賞品には所得税がかかります。

たとえば、プロゴルファーが受け取る賞金……彼らにとってこれは稼ぎだから「事業所得」、というのはおわかりですね。でも、一般の人がクイズに応募してあたるのはたまたまのことですから、こういう場合の所得は「一時所得」。たとえクイズ・マニアでしょっちゅう応募している賞金稼ぎの人の場合でも、やはり一時所得です。

現金正価の6掛けが収入金額

一時所得は次のように計算します。

収入金額－必要経費－特別控除（50万円）＝一時所得

一時所得は、給与所得など他の所得に加えて総合課税されますが、その際、所得金額を2分の1にして合計します。

〝収入金額〟は賞金ならもらった額ですが、賞品の場合はどうか？　モノによりますが、妹さんのように車をもらったときは、現金正価の60％で計算します。そこで収入は、200万円×

60％＝120万円なり。

次に〝必要経費〟とは、当選するのに直接要した金額をいいます。はがきで応募すればはがき代、オートショウの会場へ足を運んだら交通費……ぐらいのものでしょうか。

たとえば、クイズ・マニアの人が10回はがきを出して1回当選した場合、必要経費になるのは当選した分のはがき代だけです。ご注意ください。

35万円を他の所得に加える

結局、クイズの賞品には必要経費なんてほとんどなし。というわけで妹さんの場合、一時所得の計算は次のとおりです。

200万円×0・6－50万円《特別控除》＝70万円《一時所得》

さらに、他の所得と合計して課税対象となる金額は、70万円×$\frac{1}{2}$＝35万円ということになります。

専業主婦なら無税

妹さんに給与所得などがあれば、そこに35万円を加え、来年の3月15日までに確定申告してください。ただし、所得税には基礎控除が48万円あります。そこで、妹さんが専業主婦で収入はないということなら、クイズの賞品で所得が35万円あっても、課税所得は差引き『0』。よって税金はかからず、もちろん確定申告も不要です。

1割源泉徴収される

もう少し細かいお話もしておきましょう。賞金や賞品で50万円以上もらうとき、50万円を超える部分につき、10％（正確には復興特別所得税を加えて10・21％）の税率で所得税が源泉徴収されます。そこで確定申告をするときは、この源泉税を税額から控除するのをお忘れなく。ちょうど配当所得を確定申告するときに、15％または20％の源泉税を精算するのと同じやり方です（第7話参照）。

賞金ではなく賞品をもらうときは、通常、渡す側で源泉税を負担すると思います。妹さんが車をもらうとき、税額は「（200万円×0・6－50万円）÷0・9×10％」で7万7777円。そこで一時所得の確定申告をするときは、収入の120万円にこれを加え、127万7777円もらったものとして計算しなければなりません。

宝くじは非課税

さて、ついでの話で、宝くじがあたったら税金はどうなるか。これもやはり一時所得です。

でも、「当せん金付証票法」という法律があって、宝くじには税金をかけないことになっています。宝くじは、自治体などが胴元のバクチみたいなもの。当たり券に税金をかけると、お金の集まりが鈍るという配慮から、そういう扱いになっているんですね。

ただし、当たった券を誰かにあげれば贈与税の出番です。また、数人でお金を出し合って購入した宝くじが当たったときも要注意です。代表して1人が当せん金を受け取り、これを仲間に分配すると贈与税が黙っていません。こういうときは、共同購入した全員で当せん金を受け取り、銀行が発行する宝くじの「高額当選証明書」に、各自が受け取る金額を記載してもらうことです。そうすれば贈与ではなく、宝くじの当せん金となります。

競輪・競馬には税金がかかる

さらについでの話ですが、競馬や競輪で当てたとき……これも一時所得です。こちらは宝くじのように非課税の扱いはなし。原則どおり税金がかかります。

とはいえ、『50万円』の特別控除があるので、少々もうけたぐらいなら、税金の心配はご無用です。だけど、足しげく通っている人や大穴をあてた人で、1年間の払い戻しが合計50万円を超える人は確定申告が必要。

●他の一時所得と合計

馬券の払戻し金だけでなく、クイズの賞金など他に何か一時所得があるときは、もちろんそれも加えて年間50万円を超えるかどうかです。馬券の払い戻しの一時所得は、次のように計算します。

馬券の払戻し金《収入》－（馬券代＋競馬新聞代＋交通費など）《必要経費》－50万円《特別控除》＝馬券所得

この「馬券所得」の2分の1の金額が、総合課税の対象となります。

●馬券所得が雑所得に？

最後に、馬券所得に関して興味深いお話しを一つ、ご披露しましょう。

ある人が3年間、競馬で約1億４０００万円の利益を上げていたのに申告せず、国税局の査察を受けて所得税法違反で告訴されました。起訴された金額は、何と5億７０００万円です。追徴課税の金額が実際に得た利益の4倍にもなっているのは、馬券の払戻し金の合計額から、的中した買い目の馬券代しか控除されない計算だったからです。

この人は、市販の競馬予想ソフトに改良を加え、ネット上でＪＲＡ全競馬場のほぼ全レースの馬券を無差別に購入する、という買い方をしていました。税務当局との間で最高裁まで争われましたが、裁判所はこれを「営利を目的とする継続的行為から生じた所得」、すなわち「雑所得」と認定しました。

そこで外れ馬券の購入費用や、ソフトの利用料金なども必要経費として認めたのです。その結果、脱税所得額は、一時所得であることを前提に起訴された5億7000万円から、5200万円に圧縮されました。

原則として馬券所得は一時所得

これは、払戻し金が雑所得と認められた画期的な判決です。一時所得と雑所得では、扱いがかなり違います。一時所得には50万円の特別控除と、2分の1課税という恩典があります。ただし、必要経費となる支払いは極めて限定的です。

1000万円、2000万円の収入ならいざ知らず。億単位の馬券収入となると、外れ馬券もすべて必要経費にカウントされる、雑所得のほうが断然有利です。

この裁判のあと、同じような訴訟がいくつも続きました。雑所得、と認められた判決も中にはあります。でもそれはよほどのレアケースで、税務当局の基本方針はいまだ、払戻し金は一時所得となっていますのでご承知おきください。

ライフステージ❺

子どもが独立する

（50代前半）

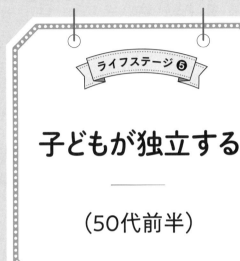

第25話 ツヨシくんが社会人に

源泉所得税

「いただきました、初月給！」

田中さんちのツヨシくんも、はや大学を卒業して社会人。今日は初めての給料日です。振込みなので、袋の中身が給与明細だけなのが物足りないけれど……。

ツヨシくん、初月給おめでとう。ところで給料をもらうようになったら、われわれ〝税金〟との末永いお付き合いも始まりますよ。

毎月の給料から天引き

人の稼ぎには通常、所得税がかかります。まずは、どうやって税金を納めるか。サラリーマンの場合、月々の給料から会社が天引きし、本人の代わりに納税するしくみになっていて、これが「源泉徴収制度」です。

次に、いくら税金を納めるか。毎月の給料から天引きされるのは、あくまで仮に計算した税額です。「所得税」がいくらかかるかは、1年間に稼いだ金額が決まらなければ計算できません。1月から12月まで、ボーナスも含めて会社からもらった金額に基づき計算することになっています。

12月に年末調整

所得税の金額は、その人の年齢や家族構成、あるいはあれこれ保険をかけるのが好きな人や病気がちな人など、それぞれの事情に応じて違ってきます。そこで、月ごとに税金を概算払いしておき、年末にきちんとした計算をします。これを「年末調整」といい、手続きは会社でやってくれます。

ツヨシくんたちが気をつけるべきは、家族構成や保険加入の有無などを、会社に正確に報告することだけです。12月分の給料で1年分の税額が精算され、月々の天引きが足りなければ追加で支払い、多すぎたら戻ってきます。

源泉徴収は楽だけれど……

源泉徴収は税金の自動徴収システムです。会社で手続き一切をやってくれるので、商売している人の納税の手間ひまを考えれば、これほど楽なことはありません。だけどそれだけで済ませていると、節税の余地はなくなってしまいます。

・年末調整で所得控除などの報告を忘れた人
・途中退社で年末まで再就職していない人
・マイホームをローンで買った人
・ご自身や家族が入院治療した人
・ご自身や家族が歯医者等で通常の自費診療を受けた人

などなど事情に応じて、手数をいとわず確定申告しましょう。さすれば節税の道は開かれん、という次第です。

初任給は月割りでもらう？

さて話を、ツヨシくんの初月給のことに戻しましょう。まず、就職して最初の給料日には、初任給の満額がもらえるとは限りません。給料の締め日と支払日とのタイミングによりますが、たいていは締め日までの給料を日割りでもらうことになります。たとえば毎月〝15日締めで25日支払い〟という会社であれば、15日までの分を25日にもらうことになります。そこでたいていの人は5月分の給料日で、初めて満額の給料を手にすることになります。

初任給はほぼ全額が手取りとなる

実際に手にする〝手取り額〟は、〝額面〟の給与支給額から税金や社会保険料などを差し引いた金額です。社会保険料は「健康保険料」「厚生年金保険料」「雇用保険料」の3つです。満40歳以上になると「介護保険料」も天引きされます。

ただし、4月分の初任給から控除されるのは、おそらく所得税と雇用保険料だけです。日割りで月給20万円の半額（10万円）しか支給されない場合、控除額はさしたる金額ではないので、ほぼ額面どおりの金額で受け取れるでしょう。

源泉徴収税額は社会保険料を差し引いた金額で決まる

だけど多くの会社では、入社の翌月から健康保険料や厚生年金保険料の徴収が始まります。そこで5月分から控除額が大きくなって、額面と手取り額のギャップに戸惑うことになるでしょう。

ツヨシくんのように月給20万円クラスの人なら、社会保険料は全部でおおよそ3万円といったところです。そこで、20万円からこれを差し引いた17万円に対して所得税を計算します。

家族構成で税額が違う

月々の源泉税の計算で、次に関係してくるのは家族構成。とはいえ親兄弟はあまり関係なく、もっぱら奥さんがいるかどうか、高校生以上の子どもが何人いるかといった〝扶養家族〟の人数がポイントです。

扶養家族がいれば、生活費や教育費がかさむことでしょう。そこで多少なりともわれら〝税金〟が面倒を見ましょう、ということで扶養家族が多いほど税金は安くなるしくみです。

独身者は税金が高くつく

ツヨシくんのような独身者の税金が一番高くついて、源泉税は『3700円』。月給が同じ20万円でも、奥さんがいれば2070円、さらに高校生以上の子どもが1人いれば460円になります。ついでにいえば、月給が30万円弱の人でも、奥さんと高校生以上の子どもが4人いれば税金はゼロになります。

手軽（?）な節税策として、独身貴族に別れを告げて子だくさんになる、のもありかもしれませんね。

税額は表から拾い出す

ところで、３７００円という金額をどうやってはじくか。電卓片手に掛け算、割り算するのではありません。ある表を開いて数字を拾い出すだけのことです。

「源泉徴収税額表」などといかめしいタイトルの表ですが、中身はいたって簡単。要するに、〝給料マイナス社会保険料〟の金額と扶養家族の人数で、税額がいくらになるかを探し出す早見表です。

源泉税の計算に税知識は不要

ツヨシくんの場合、給料から社会保険料を引いた金額が17万円で、扶養家族はゼロ。だったら３７００円と、この表を見ればたちどころに税額が求まります。税金の知識な

〈源泉徴収税額表〉

その月の社会保険料等控除後の給与等の金額		甲								乙
		扶養親族等数								
		0人	1人	2人	3人	4人	5		7人	
以上	未満	税額								税額
円	円	円	円	円	円	円		円	円	円
167,000	169,000	3,620	2,000	390	0	0		0	0	11,400
169,000	171,000	3,700	2,070	460	0	0		0	0	11,700
171,000	173,000	3,770	2,140	530	0	0		0	0	12,000
173,000	175,000	3,840	2,220	600	0	0		0	0	12,400
175,000	177,000	3,910	2,290	670	0	0		0	0	12,700
177,000	179,000	3,980	2,360	750	0	0		0	0	13,200
179,000	181,000	4,050	2,430	820	0	0		0	0	13,900
181,000	183,000	4,120	2,500	890	0	0		0	0	14,600
183,000	185,000	4,200	2,570	960	0	0		0	0	15,300
185,000	…000	4…	2,640	…	0	0		0	…	16…

んて何も要りません。

会社の人事課や経理課へ行けば、この表はすぐに見せてもらえるでしょう。あるいは本屋さんで立ち読みしてもいいし、ネットで国税庁ホームページにアクセスすれば、すぐに解決します。皆さんも一度、ご自分の源泉税を計算してみてはいかが。ほんの1分もあればはじき出せますよ。

ついでですが、月々の社会保険料も所得税と同じように、給料の金額に基づき、表から数字を拾い出して求めます。

住民税の天引きが始まれば手取り額は額面の8割程度

さて、入社2年目からは「住民税」の天引きが始まります。給与年収が400万円くらいまでの人なら、所得税の税率は5%どまりです。それに対して、住民税の税率は一律『10%』――ということは、月給20万円のツヨシくんの場合、入社初年度の源泉徴収額は3700円で済んでいますが、翌年から始まる住民税の天引き額はそれより大きく、月1万2000円ぐらいになるでしょう。

社会保険料と所得税の天引きも加えれば、毎月の手取り額は額面の8割程度となりそうです。

住民税の天引きは別のやり方

住民税の計算は少々異質です。前年1年間の給与総額に基づいて市役所等で計算した金額を12等分し、その年の6月から翌年5月までの毎月の給料から天引きするシステムになっています。毎月の天引き額は確定した税額で、所得税のように年末調整はありません。

ツヨシくんの場合、今年4月に就職し昨年は所得がありません。ということは、入社1年目の今年は住民税の課税はなし。来年の6月から天引きが始まります。

第26話 ツヨシくんにクリスマスプレゼント

年末調整

「やったね！」

田中さんちのツヨシくん。12月の給与明細を見て、思わず指を鳴らしてしまった。〝年末調整による還付金〟としてプラスされている『3万1275円』を見て、にんまりしているところです。ボーナスはパソコン代であらかた消えてしまい、忘年会シーズンで手元不如意な時期だけにこれは助かる……。

「よおツヨシ、うれしそうじゃないか」

向かいの席から、小川係長が声をかけます。

「すごいんですよ、係長。こんなに返してもらっていいのかなぁ」

「ん？　ああ、年末調整の還付か。オレは追徴だからがっかりだ」

「追徴って、追加で税金を取られるんですか？」

「そうだ。毎月の給料で天引きされてるのは概算だからなぁ。12月分で毎年精算するんだけど、戻ることもあれば、追加で取られることもある」

「ふーん、じゃあ、今年は運がよかったんだ」

「まあ、そういうことかな。しかしツヨシ、気をつけろよ、出鱈目《でたらめ》のやってる仕事だから」

「はあ？　気をつけるって、何が……」

「人事の出鱈目のやつ、ちょいちょい計算ミスをしでかすからなぁ。あとで、その金返せと言ってくるかもしれないぜ」

「そんなあー」

にわかに心配になってきたツヨシくん。係長が言うには、給与明細に同封されている〝源泉徴収票〟をしっかり見ろ、とのこと。年末調整の計算が正しいかどうか。よし、いっちょう調べてみるか。退社後、ツヨシくんは本屋に立ち寄り、税金関係の本を買い込みました。

令和５年分　給与所得の源泉徴収票

支払を受ける者	住所又は居所	○○市青葉台3-7-9
(受給者番号)		
(役職名)		
氏名	(フリガナ)	タナカ　ツヨシ
		田中　剛史

種別	支払金額	給与所得控除後の金額（調整控除後）	所得控除の額の合計額	源泉徴収税額
給与・賞与	内 2,290千 000円	1,964千 000円	714千 830円	内 63千 700円

(源泉)控除対象配偶者の有無等		老人	配偶者(特別)控除の額	控除対象扶養親族の数（配偶者を除く。）特定		老人		その他		16歳未満扶養親族の数	障害者の数（本人を除く。）特別		その他	非居住者である親族の数
有	従有		千　円	人	従人	内　人	従人	人	従人	人	内　人		人	人

社会保険料等の金額	生命保険料の控除額	地震保険料の控除額	住宅借入金等特別控除の額
内 234千 830円	千　円	千　円	千　円

(摘要)

生命保険料の金額の内訳	新生命保険料の金額	円	旧生命保険料の金額	円	介護医療保険料の金額	円	新個人年金保険料の金額	円	旧個人年金保険料の金額　円
住宅借入金等特別控除の額の内訳	住宅借入金等特別控除適用数		居住開始年月日(1回目)	年　月　日	住宅借入金等特別控除区分(1回目)		住宅借入金等年末残高(1回目)	円	
	住宅借入金等特別控除可能額	円	居住開始年月日(2回目)	年　月　日	住宅借入金等特別控除区分(2回目)		住宅借入金等年末残高(2回目)	円	

(源泉・特別)控除対象配偶者	(フリガナ) 氏名	区分	配偶者の合計所得	円	国民年金保険料等の金額　円	旧長期損害保険料の金額　円	
					基礎控除の額　円	所得金額調整控除額　円	

控除対象扶養親族			16歳未満の扶養親族		
1	(フリガナ) 氏名	区分	1	(フリガナ) 氏名	区分
2	(フリガナ) 氏名	区分	2	(フリガナ) 氏名	区分
3	(フリガナ) 氏名	区分	3	(フリガナ) 氏名	区分
4	(フリガナ) 氏名	区分	4	(フリガナ) 氏名	区分

未成年者	外国人	死亡退職	災害者	乙欄	本人が障害者 特別	本人が障害者 その他	寡婦	ひとり親	勤労学生	中途就・退職 就職	退職	年	月	日	受給者生年月日 元号	年	月	日
										○		5	4	1	平成	12	1	28

(受給者交付用)

支払者		
	住所(居所)又は所在地	○○市中央区梅木町2-6-9
	氏名又は名称	凸凹産業株式会社　(電話) 00-6×××-0000

年末調整で税金はいくら戻る？

連夜の猛勉強（？）の結果、驚くべき事実が判明しました。返せなどと言われる筋合いは毛頭ない。それどころか、3万1275円ごときの還付で満足していた自分が、いかに甘い人間であることか、ツヨシくんは思い知ったのでした。

危うくちょろまかされるところだった。明日、出鱈目課員に厳重に抗議を申し込まねば。そう、返金どころか還付の金額が少なすぎるのです、2万2600円も。ツヨシくんの理解によれば、わが身の税金はこんな計算になるはず。

月給・賞与の徴収額を精算

まず、源泉徴収票の「支払金額」229万円ですが、これはこの春入社した後、4月から12月までにもらった給料とボーナスの合計額です。ただし、実際に受け取った手取り額は、税金や社会保険料が天引きされ、これより少ない。

健康保険や厚生年金で天引きされた保険料は合計で23万4830円、これは源泉徴収票に載っています。また、「源泉徴収税額」の6万3700円は、月々天引きされた金額の合計9万4975円から、先日戻ってきた3万1275円を差し引いた金額になってます。

収入から給与所得控除後の金額が給与所得

さて229万円という金額、これはツヨシくんが受け取った収入であって、所得ではありません。〝所得〟とは収入から必要経費を引いた金額で、サラリーマンでも仕事をする上で経費はかかります。ただし背広代、靴代などといちいち計算するのは面倒なので、通常、年収に応じたお仕着せの経費率で計算し、それを引いたのが「給与所得控除後の金額」196万4000円。逆算して、229万円からこれを差し引いた32万6000円が、ツヨシくんの必要経費という次第です。

社会保険料控除と基礎控除を差し引いたのが課税所得金額

次に、「所得控除の額の合計額」が71万4830円と記載されており、これは「社会保険料控除」23万4830円と、残り48万円は「基礎控除」です。基礎控除は、下表のように合計所得金額が一定額以下であれば、老若男女を問わず誰でも、申告する際に無条件で認められています。

所得控除にはこの他、家族持ちなら「配偶者控除」や「扶

〈基礎控除〉

合計所得金額	基礎控除額
2,400万円以下	48万円
2,400万円超 2,450万円以下	32万円
2,450万円超 2,500万円以下	16万円
2,500万円超	—

養控除」、保険を掛けていれば「生命保険料控除」や「地震保険料控除」など用意されていますが、悲しいかな、ツヨシくんには該当するものが何もありません。そこでこのささやかな控除を所得金額から差し引いた残り124万9000円（千円未満切捨て）が〝課税所得金額〟――これに税率を掛けて税額を求めます。

課税所得金額に基づき所得税と復興特別所得税を計算

所得が195万円以下なら税率は5パーセントです（第23話参照）。さらに別途、所得税額×2・1％の復興特別所得税がかかります。結局のところツヨシくんの税金は、次のように計算されています。

所　得　税：124万9000円×5％＝6万2450円……①
復興特別所得税：6万2450円×2・1％＝1311円……②
①＋②＝6万3761円⇩6万3700円（百円未満切捨て）

給与所得金額は簡易給与所得表から拾う

ところが――ツヨシくんは見抜いたのです、出鱈目課員の行っているでたらめな計算ぶりを。おかしいのは「給与所得控除後の金額」。この金額は「簡易給与所得表」から拾うのですが、収入が

〈簡易給与所得表〉

給与等の収入金額の合計額		給与所得の金額
から	まで	
円	円	円
2,112,000	2,115,999	1,398,400
2,116,000	2,119,999	1,401,200
2,120,000	2,123,999	1,404,000
2,124,000	[illegible]	[illegible]
[illegible]	2,131,[illegible]	[illegible],600
2,272,000	2,275,999	1,510,400
2,276,000	2,279,999	1,513,200
2,280,000	2,283,999	1,516,000
2,284,000	2,287,999	1,518,800
2,288,000	2,291,999	1,521,600
2,292,000	[illegible]	[illegible]
[illegible]	2,299,99[illegible]	[illegible]00,000
2,904,000	2,907,999	1,952,800
2,908,000	2,911,999	1,955,600
2,912,000	2,915,999	1,958,400
2,916,000	2,919,999	1,961,200
2,920,000	2,923,999	1,964,000
2,924,000	2,927,999	1,966,800
2,928,000	[illegible]1,999	[illegible]

229万円なら『152万1600円』でなければならない。それが196万4000円とは？……どうやら229万円の収入金額を、292万円と見まちがえたようです。

年末調整のやり直し、または確定申告で還付を受ける

こうなると、ツヨシくんの課税所得金額は80万6000円が正しく、したがって納める税金は、次頁のとおり4万1100円でいいはず。何を好きこのんで6万3700円も納めなければならないのか。差引き『2万2600円』は当然返してもらってしかるべし。

ツヨシくん、お見事です。おっしゃるとおり、2万2600円は戻してもらってしかるべし。出鱈目さんに申し出て年末調整をやり直してもらいましょう。あるいは勉強と思って、年明けに自ら確定申告してみるのもいいですね。

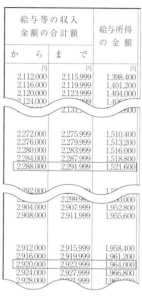

〈ツヨシくんの正しい税額計算〉

収　入　金　額	2,290,000円
	⇓
給与所得金額	1,521,600円
所得控除額	Δ714,830円
課税所得金額	806,770円
	⇒806,000円
	（千円未満切捨て）

所　得　税

806,000円×5%＝40,300円……①

復興特別所得税

40,300円×2.1%＝　846円……②

①＋②＝41,146円

⇒41,100円

（百円未満切捨て）

第27話

お隣さんの引越し

譲渡所得税

「お隣の中村さん、お引っ越しらしいわ」

「お、そうか。転勤かな？」

「ええ。子どもさん小さいから、家族全員で移るんだって」

「へーえ、そりゃ大変だな。家のほうは、どうするんだろう？」

「いつ戻るかわからないから、売るかもしれないそうよ」

「ふーん、売れば税金だな。どのぐらいかかるんだろう？」

田中さんちのパパとママ。脱サラで数年前から確定申告しているパパは、税金問題には敏感に反応します。

分離課税の譲渡所得

モノを売ったときの所得を「譲渡所得」といい、これはおなじみの給与所得や事業所得、配当所得など10種類ある所得のうちの一つです。所得とは要するにもうけ（利益）のことですが、どの種類の所得かで利益の計算の仕方や、税金のかかり方が違ってきます。

土地、建物など不動産を売ったときの利益（譲渡所得）には、「分離課税」という形で税金をかけます。

所得税は総合課税が原則

分離課税は「総合課税」に対する言葉です。そもそも所得税の基本は総合課税で、給与所得、事業所得、不動産所得など、その人の1年分の各所得を合計（正確な言葉は〝総合〟）し、その合計額に見合う税率をかけることで税額を計算します。

ところが所得の中には、総合せず単独で税金計算するものがあり、不動産の譲渡所得もその一つです。

所有期間に応じて2種類の税率

税率は『15％』（復興特別所得税込みで15・315％）と〝30％〟（同じく30・63％）の2つ用意され、その違いは不動産の所有期間が5年を超えているか否か……もちろん、超えている場合に永年の所有ご苦労様の意味を込め、低い方の税率となります。

さらに所得税のあるところ、住民税がぴったりマーク。不動産の譲渡所得に対して住民税でも、『5％』（長期）と『9％』（短期）の2つの税率を定めています。

所有期間が4年の人はもう1年我慢して、5年を超えてから売ってください。税金がうんと安くなりますから。

満5年経っていてもダメ

所有期間が5年を超えるかどうか、それは売った年の1月1日現在で判定します。決して売る時点で5年経っていればいい、ということではないのでご用心。

たとえば、5年前の6月に買った家を今年7月に売る、というのはダメ。売却時点で5年経過していても、今年の1月1日時点では5年にあと半年ばかり足りませんからね。売るのはもう少し先、来年になってからにしましょう。

所得税は暦年ベースでかける税金なのでそういう扱いになっていますが、それにしても紛らわしい……わずかな違いで税金をがっぽり取られた、なんてことのないよう、くれぐれもご注意あれ。

満5年プラスアルファが必要

ではここでクイズをひとつ。令和5年中に買った家を売るとき、令和何年以降に売れば税金が安くなるか？

正解は「令和11年以降」です。令和10年中に満5年を迎えますから、その年の1月1日時点では、まだ5年に数か月不足しています。そこで翌11年までお預けという次第です。5秒以内に解答できた方はなかなか鋭い。

ときにはほとんど6年かかる

続いて第2問。令和5年1月1日に買った家を令和10年1月2日に売りました。所有期間は長期か？

思わずイエスと言ってしまったあなた、だめですよ、思慮が足りませんぞ。令和10年1月1日現在で5年を超えているかどうか……残念ながら5年ぴったり。もう1日足りません。

この場合もやはり、翌11年以降でないと長期になりません。結局、税金を安上がりにするには、5年といいながら、実際には6年近くかかる場合もあるということですね。

取得日とはいつのこと?

最後にもう1問。第2問で、もし令和10年中に売ってしまった場合、なんとか長期にする手だてはないものか?

税務署のお情けにすがって1日だけおまけしてもらう……だめですよ、そんなのは。理論闘争で勝利(?)をもぎとってください。

ここで考えるべきは、不動産の取得日とはいつか、ということです。一般に、不動産の売買はまず契約して手付金を支払い、その後何か月かを経て残金を支払って引渡しおよび登記が完了、という流れですが、その間で取得の日はいつなのかということです。

2通りの日付から選べる

結論として、税務上の取扱いは〝契約日〟または〝引渡日〟のいずれでもいい、ということになっています。さあ、そうなると第3問の解答は、「タンスの奥を探す」ということになりそう。

つまり、令和5年になってから買ったと言ってるのは、実は残金を支払って登記をした時点のことで、契約は前年中に済ませていた、ということが考えられるからです。令和4年中の日付けの売買契約書が見つかれば、めでたし、めでたしとあいなります。

購入金額がわからないときは売却価額の5％で計算

ところで現実問題として、大きな譲渡益が発生するのは通常、長期譲渡です。短期譲渡の税率が高いとしても、5年以内の購入なので、さほど利益は出ていないということなら、納める税額自体はたいしたことがない、というケースも珍しくないでしょう。

ところが長期の場合で、昔々、昭和の時代に買った土地を今売ろうとしたら、たいそう値上りしていて大きな譲渡益が発生、さあ税金がたいへん、などというのはよくある話です。あるいは、もっと昔に親が買った土地なので、購入金額なんてわからないというのも、これまたよくある話です。この場合に譲渡益の計算をどうするかといえば、その土地は売却価額の5％相当額で買ったものとみなす、という取扱いが設けられています。

そうなると、売却代金の95％が譲渡所得となってしまいます。実際には、仲介業者に支払う3％の仲介手数料などを経費として控除できますが、それにしても多額の譲渡所得となってしまいます。

各種特例の活用が節税のポイント

不動産の譲渡所得を計算する際、いろんな特例が設けられています。節税のカギは、これら特例をいかに有効活用するかということにつきます。われら〝税金〟としても、皆さんが上手に節税されんことを願っています。

たとえば、お隣の中村さんのように今まで住んでた家を売る場合、「居住用財産の譲渡の特例」というのがあります。あるいは、ご商売に使っていた不動産（〝事業用資産〟といいます）なら、それはそれでまた別の特例を用意しています。

詳しい内容は後日説明しますが、譲渡所得に限らず税法の特例というのは、知らなかったら〝権利放棄〟です。他にも、次のような譲渡に対する特例が用意されています。

① 相続財産の譲渡
② 被相続人の居住用財産の譲渡
③ 居住用財産の譲渡損失の損益通算および繰越し控除
④ 収用・交換等による譲渡
⑤ 上場株式の譲渡損失の損益通算および繰越し控除

税務署さんは親切に教えてくれません。ここはご自分で、しっかりと税法をご勉強ください。

第28話 自宅売却

居住用財産の譲渡の特例

「お隣の中村さん、やっぱり家を売るんだって」

「そうか、転勤でいつ戻れるかわからないそうだから……サラリーマンは大変だなあ」

「ねえ、奥さんが税金のこと心配してたけど、住んでる家を売るときは、たいした税金じゃないんでしょう？」

「うん、特例があって、安上がりですむらしい。でも、どういう計算をするんだろう」

田中さんちのお隣の中村さん、転勤で自宅を売却することになりました。不動産を売れば譲渡所得。いったいどう計算するのでしょう。

収入から必要経費を差し引く

自宅（土地・建物）を売れば「譲渡所得」が生じます。所得金額は、基本的に「収入金額－必要経費＝所得」の計算で求めます。つまり、入ったお金にまるまる税金がかかるのではなく、かかった諸経費を差し引いたのが所得です。

譲渡所得の金額は、次の算式で計算します。

収入金額－（取得費＋譲渡費用）＝譲渡所得

必要経費として、「取得費」と「譲渡費用」の2つが認められています。

購入価額を差し引いた金額がもうけ

たとえば土地が1億円で売れたとき、この1億円は収入金額。これはもうおわかりですね。

そこで次に、必要経費の金額を計算していただきます。

まず取得費、これは要するにその土地をいくらで買ったかです。もし4000万円で買った土地が1億円で売れたら、もうけ（所得）は、

1億円－4000万円＝6000万円

というたって簡単な計算です。

取得費が不明なら収入金額の5％

ただし現実には、昔々買ったので、あるいは親から相続した土地なのでいくらで買ったかわからない、という場合もあるでしょう。そういうときは収入金額の『5％』を取得費とみる、という扱いになっています。となると所得は、

1億円－1億円×5％＝9500万円

と計算することになります。

この場合に、タンスの奥から300万円で買った契約書が出てきたとすれば、さあどうする。真っ正直な方は、次のように計算するでしょうね。

1億円－300万円＝9700万円

だけど、いいんですよ。その契約書はなかったことにして、5％の500万円を使って計算しても、税務署は文句を言いません（ささやかなプレゼントです……）。

建物は減価償却費を計算

さて、土地と違って建物は、取得費の計算が少々やっかいです。建物は時が経てば劣化し、だんだん値打ちが下がっていきます。そこでその分を買った金額からマイナスします。つまり〝減価償却〟という計算を要し、たとえば、3000万円で建てた木造の自宅建物の場合、10年

後に売ればその時点での取得費は、約２２００万円といったところです。

維持・管理のための費用は引けない

次に譲渡費用は、その不動産を売るのにかかった諸経費です。たとえば、仲介業者が間に入れば仲介手数料を支払うでしょう。基本的に売却金額の３％プラスαです。その他に土地の測量が必要なら、測量代も譲渡費用です。

でも、毎年納めてきた固定資産税とか建物の修繕費など、これまで維持・管理のためにかかったものはダメ。譲渡費用として引けるのは、売るのに〝直接〟かかったものに限られますからご注意あれ。

自宅を売って利益が３０００万円以下なら課税なし

さて、中村さんのように自宅を売却したときは、税金面でいろいろ特例を用意しています。まずは「３０００万円の特別控除」というのがあって、これは譲渡所得の金額から３０００万円をマイナスするというもの。

よほどの豪邸でないかぎり、買ってから10年、20年のうちに売るのなら、買値と売値の差は３０００万円以内に納まるでしょう。となると税金は、びた一文納める必要なし、ということです。

10年超所有なら通常より低い税率で計算

不幸にして（？）3000万円を超える利益が出たときは、その超える部分につき通常どおりの計算となります。でもそんなときでも、所有期間が10年（譲渡の年の1月1日現在で判定）を超える家なら別途、特例を設けています。

その名は「軽減税率の特例」。読んで字のごとし、通常より税率が低くなるということです。たとえば、譲渡益を1億円としてそれぞれ計算すると、次のとおりです（復興特別所得税は考慮外）。

〈一般税率で計算〉
1億円－3000万円（特別控除）＝7000万円
7000万円×20％＝1400万円
〈軽減税率で計算〉
1億円－3000万円（特別控除）＝7000万円
6000万円×14％＋（7000万円－6000万円）×20％＝1040万円

	譲渡所得（譲渡益）	所得税	住民税	合計
一般税率	全部の部分	15%	5%	20%
軽減税率	6,000万円以下の部分	10%	4%	14%
	6,000万円超の部分	15%	5%	20%

その差、360万円の節税となります。

もっとビッグな特例もある

自宅の売却には、このほか「買替え特例」というのもあって、これはたとえ5億円、10億円で売ったとしても、条件次第では1銭も税金がかからないという、たいへんビッグな税の恩典です。

家を売ってお金が入っても、生活していくには新しい家が必要。借家住まいに甘んじるのならともかく、家を買い替えればお金が出ていく。そうすると、いくら億単位のお金が入っても結局は残らないんだから、税金を払えといわれても払えない……と、こういう理屈にたった制度です。

一部お金が残ればそこには課税

ただし、たとえば古い家が1億円で売れて、6000万円の新居を買ったとすれば、手元には4000万円残ります。そのときこの特例は6000万円部分にだけ適用され、4000万円には税金がかかります。

その際、3000万円特別控除や軽減税率の特例の適用はなく、通常どおりの計算で課税されます。たとえば、売却した家の取得費が1000万円だとすれば、少々複雑ですが①のような計算となります。

もしも買換え特例ではなく、3000万円控除と軽減税率の特例を使ったとすれば、納税額は②のようになります。

一見して買換え特例が有利に見えるが……

ああ、よかった、税金が120万円も安くてすむ、と考えるのは早計ですぞ。この特例を使うと将来、新しい家を売ったときの取得費は、古い家の取得費を引き継ぐことになっています。つまり、新しい家を6000万円で買った事実は無視されます。たとえば、何年か後に新居を1億2000万円で売ったときに、3000万円控除と軽減税率の特例を適用すれば、納税額は③のようになります。

しかし、もしも以前に買換え特例を使っていなければ、6000万円で買い換えた家の取得費が、減価償却後で5500万円になっていたとして、納税額は3000万円控除

① $(1億円-6{,}000万円)-1{,}000万円\times\dfrac{1億円-6{,}000万円}{1億円}$
$=3{,}600万円$
$3{,}600万円\times20\%=720万円$……Ⓐ
② $1億円-1{,}000万円-3{,}000万円$（特別控除）
$=6{,}000万円$
$6{,}000万円\times14\%=840万円$……Ⓑ

と軽減税率の特例の利用で、④の計算となります。

買換特例を利用する人は少数

2回分を通算した納税額は、最初に買換え特例を適用したか、しなかったかで次のように変わります。

適用した場合：720万円（Ⓐ）＋1360万円（Ⓒ）
＝2080万円

適用しなかった場合：840万円（Ⓑ）＋490万円
（Ⓓ）＝1330万円

うまい話には裏がある、の典型例です。そもそも買換え特例は、3000万円控除や軽減税率と比べて、適用条件がいろいろ厳しい。そうした事情もあって、現実にこの特例の適用を受ける人は、少数派にとどまっています。

③ $1億2{,}000万円 - 1{,}000万円 \times \frac{1億円 - 6{,}000万円}{1億円}$（取得費）
－3,000万円（特別控除）＝8,600万円
6,000万円×14%＋（8,600万円－6,000万円）×20%
＝1,360万円……Ⓒ

④ 1億2,000万円－5,500万円（取得費）
－3,000万円（特別控除）＝3,500万円
3,500万円×14%＝490万円……Ⓓ

第29話

株でもうけたら？

株式売却益と税金

「あなた、大丈夫？」

「うーん、そりゃあリスクもあるけど……低金利だからなあ。株でもやらなきゃ」

「そりゃそうだけど、危ないものには手を出さないでよ」

「わかってるって」

田中さんちのパパとママ。銀行預金の低金利が続きます。そういう中で株式投資をする人が増加しているようです。以下、日本証券業協会の最新データです（「個人株主の動向について（2022年9月21日公表）」より）。

個人株主数は8年連続の増加で、令和4年3月末時点で1460万人です。総人口が1億2500万人ですから、11・6％の人が株式投資をしています。ただし、40歳未満の投資家はまだまだ少数で、全体のうち、40代の人が10・7％、50代が13・3％、60代がピークで14・9％、以下、70代が14・6％、80歳以上が13・3％と続きます。保有銘柄は1人あたり平均4・4銘柄とのことです。

田中さんも株をやってみようと考えているご様子。くれぐれも、やけどしないよう、ほどほどになさってくださいね。

20・315％の申告分離課税

ところで、株を売って利益が出れば、もちろん税金がかかります。上場株式の譲渡益に対する課税は、「申告分離課税」です。給与所得などと総合（合算）はせず、『20・315％』（所得税15％・復興特別所得税0・315％・住民税5％）の税率で、確定申告を通じて行われます。

昔々は原則として非課税

株式売却益に対する課税のことを〝キャピタルゲイン課税〟といいますが、この税制は昔と比べ大きく変わりました。ご参考までに、過去の変遷をお話ししておきましょう。

昭和の時代、株式売却益には税金がかかりませんでした。年に何十回と売り買いする人にだけ、事業所得（プロの人）または雑所得（セミプロの人）として課税されました。

それが昭和63年の改正で180度転換して、原則課税に切り替わりました。その際、申告分離一本槍でもよかったのですが、既得権益や手間暇のことを考慮して、次のように源泉分離課税との選択性とされました。

❖一般に源泉分離が有利

2つの分離課税制度には、次の違いがありました。

① 申告分離の税金は〝売却益〟に対する26％（住民税と合計）

② 源泉分離の税金は〝売却価額〟に対する1・05％（所得税のみ課税）

たとえば1000株を100万円で買い、これを140万円で売ったとすれば、それぞれ次のようになります。

〈申告分離〉

（140万円－100万円）×26％＝10万4000円

〈源泉分離〉

140万円×1・05％＝1万4700円

明らかに源泉分離のほうが有利に見えますね。でも源泉分離だと、常に売却代金の1・05％だけ課税されます。つまり赤字でも税金がかかるということ。そこで、赤字ないし利幅が薄いときは申告分離、そうでなければ源泉分離と、2つの計算を使い分けるのが有利とされていました。

平成15年に源泉分離課税は廃止

さて、この源泉分離課税は平成15年3月末をもって廃止、4月からは申告分離課税に一本化され、現在に至っています。源泉分離のような優遇措置は、いずれ消え去る運命にありました。原則として非課税であった時代から、課税扱いに切り替わる際の経過措置という性格の制度でした。

さて、申告分離課税への一本化に伴い、いきなり税率を26％とするのは極端なので、上場株式の譲渡には10％（所得税7％・住民税3％）の〝軽減税率〟が設けられました。しかし10年間の経過措置を経て、平成25年末に軽減税率は廃止され、現在の税率（20・315％）となりました。

取得価額をどうやって把握するか

「証券会社へ行ったら、特定口座と一般口座のどちらにするかと聞かれた」

「なあに、それ？」

「特定口座だと、確定申告が要らないらしいなあ」

「あら、税金払わなくていいの？」

「いや、そういうことでもないようだな」

田中さん、さっきの変遷話の続きです。

平成15年1月から上場株式に対して、「特定口座制度」がスタートしました。申告分離に一本化された後、実務的に困るのは〃取得価額〃の把握なんですね。源泉分離なら売却価額さえわかれば、税額は簡単に計算できます。ところが申告分離となると、まず譲渡益を計算しなければなりません。そのためには、昔いくらで買ったのか、が問題となります。

最近買った株で、売買計算書でも残っていれば話は簡単です。あるいは几帳面な人で、克明な記録を残している場合もあるかもしれない。だけど会社と違って個人の場合、そうした書類がきちんと保存されていないケースも多々あるでしょう。

建前論でいえば、不明のときは売却価額の『5％』を取得価額とみなす、という取扱いになっています。しかし、それをしゃくし定規に適用するのはいかがなものか、とわれわれ〃税金〃は考えます。

まずは証券会社で口座を開設

そこで、そうした煩わしい手続き一切を証券会社に委ねるのが〝特定口座〟の制度です。その口座で取得価額を管理しておけば、売却したとき容易に譲渡益が計算できる。さらには税金を天引き（源泉徴収）して、証券会社から税務署に納めてもらう――こういう制度となっています。

ただし中には、自分でキチンと整理して確定申告も自分でする、という人もいるでしょう。そうした人は、特定口座でなく〝一般口座〟を選択すればいいのです。

さて、もう一つ選択があって、取得価額の管理は証券会社にまかせるけれど納税は自分でする、という人も中にはいるでしょう。そこで特定口座を選んだら、次に、「源泉徴収あり」と「源泉徴収なし」のいずれを選択するか、証券会社に聞かれます。

- 特定口座
  - 源泉徴収あり
  - 源泉徴収なし
- 一般口座

❖複数の証券会社に口座開設している人は要注意

現実には、ほとんどの人が「特定口座（源泉徴収あり）」を選択しています。普通の人は、それが簡単でいいと思いますよ。ただし、ご注意いただくことが2つあります。

①　損失の繰越し控除制度

上場株式の譲渡損失は、翌年以降3年間繰り越して、譲渡益と通算（相殺）できます。その際、複数の証券会社に特定口座を開設している場合は要注意です。同じ証券会社内なら通算をしてくれます。しかし、A証券は譲渡益、B証券が譲渡損のとき、その通算は確定申告を通じて自分でしなければなりません。

②　譲渡損失と配当金の損益通算

上場株式の譲渡損失を配当所得の金額から控除し、配当金から天引きされた源泉税の還付を受けることができます。これも同じ証券会社内では通算をしてくれますが、D証券の口座にある株式の配当金と、E証券の口座の譲渡損失の通算は、確定申告を通じて自分でしなければなりません。

ライフステージ❻

遺産を相続する

（50代後半）

第30話

磁器婚式のプレゼント

贈与税の配偶者控除の特例(1)

「よし、今年の結婚記念日はプレゼントを奮発するぞ」

「あら、どうしたの？」

田中さんちのパパとママ。来月、25回目の結婚記念日がやってきます。

「今日、銀行で〈磁器婚式にはマイホームを贈ろう！〉というパンフレットを見かけてな」

「なあに、それ？」

「結婚して20年経ってたら、夫婦の間で自宅を贈与しても、２０００万円まで税金がかからないとか」

「へーえ、そうなの」

「ほんとなら６９５万円らしいな、２０００万円に対する贈与税は」

「ふーん、それがかからないの？」

「うむ。今年のプレゼントは、これでいくぞ！」

2000万円まで非課税

田中さん、贈与税に大きな恩典があります。「配偶者控除の特例」といって、マイホームを妻にプレゼントしたとき、２０００万円までなら贈与税がかからないというものです。

銀行でお聞きになったように、普通だと２０００万円も贈与したら、６９５万円の税金です。それを受け取らないというのですから、税務署さん、大丈夫かしらと心配になるくらい、とにかくビッグな恩典ですぞ。

2,000万円《贈与金額》－110万円《基礎控除》＝1,890万円《課税価格》

1,890万円×50％－250万円＝695万円

贈与税の速算表（一般税率）

課税価格	税率	控除額
200 万円以下	10%	—
300 万円以下	15%	10 万円
400 万円以下	20%	25 万円
600 万円以下	30%	65 万円
1,000 万円以下	40%	125 万円
1,500 万円以下	45%	175 万円
3,000 万円以下	50%	250 万円
3,000 万円超	55%	400 万円

（注）18 歳以上の子や孫が贈与を受ける場合には、「特例税率」が適用されます（第２話参照）。

適用条件があれこれ

大盤振る舞いの特例なだけに、その適用は次のように厳しい条件付きです。

〈適用要件〉

① 婚姻期間が20年以上の配偶者からの贈与であること

② 贈与財産が居住用不動産または居住用不動産を取得するための金銭であること

③ 贈与を受けた年の翌年３月15日までに、贈与を受けた居住用不動産に受贈者が実際に居住し、かつ、その後も引き続き居住する見込みであること

④ 贈与によりその配偶者から取得した財産にかかる贈与税につき、過去にこの特例の適用を受けていないこと

戸籍上の婚姻期間が20年以上

まず、結婚してから20年経過していること。20年というのは実質ではなく、形式上の年数です。最初いわゆる同棲期間が3年間あって、その後に籍が入って17年経過、というのはダメ。婚姻届を出してから20年経っていなければなりません。

それから、もうすぐ結婚20周年を迎えるから、それを見越して贈与してしまうのはフライングです。贈与の時点で、満20年を過ぎていなければ認められません。

結婚20周年のことを〝磁器婚式〟というそうです。銀行のパンフレットは、そのことをいってるんでしょうね。

家かお金かどちらかで贈与

次に、この特例の適用対象は居住用の不動産または金銭――マイホームそのものか、あるいはそれを買うためのお金、ということになっています。

どちらを選んでもいいのですが、評価額で考えれば、お金の２０００万円は２０００万円の価値しかありません。しかし不動産の評価は、土地なら路線価、建物は固定資産税評価額です。つまり不動産なら、２０００万円以上の値打ちのあるものを渡せます。

木造の建物なら、評価額は建築価格の半値以下――ということは、４０００万円以上するものを贈与税なしでプレゼントできる。こう考えれば、通常は現金よりも家そのもので渡すほうが有利です。

土地と建物のいずれを贈与するか

では、不動産で贈与するとして、次に土地と建物のいずれが有利か。これも評価額で判断すれば、将来、建物の金額は徐々に下がっていきます。一方、土地は将来値上がりする可能性がある。ということなら、相続税対策としては土地で渡すのがいいでしょう。

だけどもう一つ考えておくべきは、譲渡所得税のことです。将来売却することになったとき、自宅なら「3000万円特別控除」や「軽減税率」などの特例が使えます。その際、贈与税の特例と違って、所得税では居住用の特例は原則として、〝建物〟を売却した者にしか適用されません。

となると、土地だけ贈与したのでは、譲渡所得税の特例を受けるのは、建物所有者の夫だけ。夫名義の敷地売却で3000万円控除を使い切るとそれまでです（控除枠が余れば妻の土地売却代に回すことは可能）。それが、一部なりと建物も妻に贈与しておけば、夫婦そろって合計6000万円の控除が受けられる、という違いがあります。

同じ相手からの贈与は1回かぎり

適用要件の④で、この特例が受けられるのは1回だけとなっています。厳密にいえば、相手が替われば、つまり20年ごとに離婚と再婚を繰り返せば、2回、3回と適用を受けることも可能ですが、そんなの現実的じゃないですよね。まあ、この特例が受けられるのは一生に一度だけ、と理解しておくのがいいでしょう。さてそうなると、今年は1000万円分だけ特例を受けて残りは来年回し、なんてことはできません。

それから、基礎控除（110万円）とあわせて2110万円の非課税枠がありますが、相続税対策として考えるなら、この際少々税金を払ってでも、と考えるのが賢明でしょう。

いくらぐらいなら2110万円をオーバーしてもいいか、それは贈与税の税率表を見てご判断ください。最低税率の10％が適用されるのは、課税価格200万円まで。よって、2110万円＋200万円＝2310万円までは、積極的な贈与を考えてもいいんじゃないでしょうか。

2310万円の贈与で税金は、200万円×10％＝20万円。それ以上に贈与すると、徐々に税率が上がっていきます。どこまで贈与するかは、その人の相続税の税率しだいです。

2000万円以内の贈与でも〝税金〟はかかる

ところで田中さん、この特例を使えば税金はかからない、とパンフレットに書かれていたようですが、それは間違い。正確には贈与税はかからない、と書くべきですね。

この特例を使うためには、まず贈与の登記をしなければなりません。そのためには「登録免許税」が必要です。さらにその登記にもとづいて、数か月後に「不動産取得税」なるものがかかってきます。2000万円の贈与なら、2つあわせて数十万円は用意しなければなりません。

それを考えると、気軽に磁器婚式のプレゼントというわけにもいかないようです。よほど奥さん思いの人は別として、あくまでこれは資産家のための相続税対策の話だとお考えください。

第31話

マイホームの贈与

贈与税の配偶者控除の特例(2)

ある銀行で、〈磁器婚式にはマイホームを贈ろう！〉というパンフレットを見かけた田中さんちのパパ。これは何かと行員に聞けば、「婚姻期間が20年以上の夫婦間で自宅を贈与すれば、2000万円まで税金がかからない」という返答。

来月の結婚記念日に何を贈ろうかと考えていた田中さん、これはいける！と飛びつきましたが、専門家に確かめたところ、「贈与税はかからない。しかし、登録免許税や不動産取得税が数十万円かかる」とのこと。たちまち贈与の意思は消えうせ、腹立ちまぎれにその銀行の預金は、全部解約してしまったそうな。

資産家の人は上手に利用

結婚記念日に宝石代わりに家を贈る、というような話ではないですね、これは。あくまで将来の相続税対策として贈与する、そういうときの話です。つまり贈与税の「配偶者控除の特例」は万人向けの恩典とは言いかねます。

とはいえ、資産家の方には大変魅力のある特例です。適用要件は、前回（第30話）説明しました。公認の相続税対策として、要件を満たしている人は上手に利用してください。

3年内加算の適用を受けない

この特例のメリットの一つとして、3年内贈与財産の加算特例の扱いを受けない点が挙げられます。通常の場合、相続の開始前3年以内（令和6年1月贈与分からは7年以内）に贈与された財産は相続財産に加える、つまり贈与はなかったものとする、という取扱いがあります。

ところが、自宅を贈与して配偶者控除の特例を受けているものだけは、相続財産に加算されません。極端な話として、死期の迫っている人が自宅を奥さんに贈与し直後に亡くなった場合でも、相続税対策として成立してしまいます。われわれ〝税金〟から見れば、首をかしげたくなりますが、現行の税法ではそれもOKとなっています。

持ち分で贈与登記

自宅の贈与で配偶者控除の特例を受けるには、順序としてまず、贈与の登記をすることです。基礎控除が110万円ありますから、2000万円とあわせて2110万円まで贈与税はかかりません。そこで、土地と建物の評価額がそれ以下なら問題ありませんが、2110万円を超えるときは全部でなく一部のみを贈与することになり、そこでどういう登記をするか決めなければなりません。

登記は金額や面積ではなく、持ち分の〝割合〟でします。たとえば、土地を贈与するとしてその評価額を『6474万円』とします。このときストレートに『6474分の2110』の割合で贈与すれば、贈与税はかかりません。だけど、もっとすっきりした姿で（丸めた数字で）贈与したいというときは、『3分の1』と登記すればいいでしょう。

6474万円×1/3＝2158万円で、2110万円を超えるじゃないか。確かにそうです。だけど超えたところで贈与税は、

2158万円－2110万円＝48万円

48万円×10％＝4万8000円

この程度ですむなら、将来の相続税の負担を考え、積極的に贈与しておくのが賢明でしょう。

必要書類を添付して確定申告

登記をしたらその年明け3月15日までに、贈与税の確定申告をします。この特例を受けるには、たとえ贈与額が2000万円以内で税金が0でも、必ず申告しなければなりません。

申告書にはこういう書類を添付します。

〈添付書類〉

① 不動産登記事項証明書（登記簿謄本）——不動産を贈与したことを証明するため

② 戸籍謄本——贈与者との婚姻期間（20年以上）を証明するため

③ 戸籍の附票の写し——その不動産に居住していることを証明するため

家そのものを贈与するときは登記に注意

前回も説明しましたが、この特例は家そのものか家を買うためのお金か、どちらで受けてもいいことになっています。でも、評価額を考えれば通常、家で渡すほうが有利ということでした。

そこで新居を購入、あるいは自宅の建て替えをするときに、現金で渡せば贈与は2000万円どまりですが、新しい家そのものなら時価4～5000万円するものを贈与できます。さてその場合、贈与したのが現金なのか家なのか、その区別は登記で判断します。

保存登記と移転登記

建物を建てたとき、最初に所有権の〝保存登記〟をしますが、それを誰の名義にするかがポイントです。現金でなく建物で贈与したかったら、まずは夫名義で保存登記を行いその後、妻に対する所有権移転の登記をしなければなりません。

登記費用をけちって、いきなり妻名義で保存登記なんてことをすると、それは奥さんにお金を渡して、そのお金で奥さんが家を建てたという扱いになってしまいます。面倒でも費用がかかっても、2回登記しなくてはなりません。

譲渡の特例目当てはダメ

ここで、譲渡にからんだ話を一つしましょう。ある人が自宅の売却を決意。譲渡益が5000万円ほど出るので、そこから3000万円の特別控除を差し引いて残りが2000万円。所有期間が10年を超えているから軽減税率が使えるものの、それでも税金がかかる。何とかならないものか……そこで、ハタとひらめいたのが配偶者控除の特例です。

まず、2000万円分を妻に贈与する。その後売却すれば、夫婦2人で合計6000万円の特別控除がある。これなら譲渡税もかからないじゃないか、というシナリオです。

要件を満たさないので700万円の課税

なかなかよく考えましたが、結論としてそれはダメ。そんなことをすると、配偶者控除の特例が否認され、2000万円に対して通常どおりに課税――約700万円の贈与税を納めるはめになります。

何がダメかというと、適用要件に反するからです。配偶者控除の特例を受けるには、「贈与を受けた後、引き続き居住すること」が条件になっています（第30話参照）。贈与以前に売却話があったということは、贈与の時点で居住を続ける気持ちはない、となると特例の適用はなし、という結論になってしまいます。ご用心、ご用心。

小規模宅地の評価の特例が使えなくなる

最後に、うまい話には裏がある――この特例を受けると、あれこれデメリットが生じるというお話をしておきましょう。

まず、この贈与をして自宅を奥さん名義にしてしまうと、将来、ご主人の相続のときに「小規模宅地の評価の特例」が使えなくなります。この特例を使えば、330㎡部分まで自宅土地の評価額を80％減額できます。たとえば、評価額（＝時価）1億円の土地も2000万円の評価ですみます。

遺産総額が一定額以下なら相続税は無税

配偶者が納める相続税は、遺産総額の2分の1、または1億6000万円まで無税ですみます。遺産が1億6000万円以下なら、それをすべて配偶者が相続すれば、その相続に相続税はかかりません。さらに、遺産総額が4億円であれば、2億円までその特例が使えます。もともと遺産がその金額以内であれば、無理して贈与税の配偶者控除の特例の適用を受けることもないのでは……。

それからレアケースのお話ですが、夫が妻に自宅を生前贈与し贈与税の特例を受けた、これで相続対策完了。よかった、よかったと思っていたら、妻が先に死亡。こうなると妻の相続で、自宅が再び夫名義に戻る、という事態も起きかねません。

登録免許税と不動産取得税の負担が大違い

あともう一つ、登録免許税と不動産取得税のかかり方が、相続と贈与で大違いです。相続の際の登録免許税は、贈与のときの5分の1ですみます。さらに相続のとき、不動産取得税は非課税となっています。詳しくは次の表のとおりですが、生前贈与を行う際は、このコスト負担も考慮してなさってください。

	贈　　与	相　　続
登録免許税	固定資産税評価額×2.0%	固定資産税評価額×0.4%
不動産取得税	土地： 固定資産税評価額$\times\frac{1}{2}\times$3.0%	非課税
	建物： 固定資産税評価額×3.0%	

第32話

おじいちゃんの訃報(1)

相続税

「おじいちゃんの財産、いくらぐらいあるのかしら？」

先々月の寒い夜、田中さんちのおじいちゃんが亡くなりました。四十九日の法要の席で、お姉さんがパパに遺産分けの話をもちだしています。

「家のほかにアパートがあるし……税金もかかるんじゃない」

「税金って、相続税？」

「そうよ、大変なんだって。あんた、しっかり頼むわよ」

げに恐ろしきは相続税？

国税庁の調べでは、令和3年の死亡者数が約140万人で、そのうち9％の約13万人に相続税がかかっています。出産後すぐに亡くなった赤ん坊も含め、100人に9人が課税対象です。平成26年以前は5万人台でした。しかし、税制改正により平成27年1月から、基礎控除額が大幅に引き下げられました。その結果、課税対象者が倍増しています。

課税対象となった人の遺産総額は、平均して1億4000万円、納税額は2000万円弱といったところです。

納税資金を生命保険などで準備していればともかく、現実には相続財産の大半が不動産のため、〝相続破産〟に近いような状況も生まれています。

「げに恐ろしきは相続税」と多くの人に思われていますが、はたして本当にそうなのか。その実像をお見せしましょう。

基礎控除を上回れば申告と納税

まず、相続税には基礎控除があります。3000万円＋相続人1人あたり600万円、これが基礎控除額の計算式です。たとえば、相続人が妻と子ども2人の計3人なら、「3000万円＋600万円×3人＝4800万円」と計算します。

遺産総額がこの金額以下なら相続税はかかりません。税務署への申告も不要です。もしこの金額を上回れば申告し、上回った部分に対する税金を納めるというしくみです。

現実の申告は大部分が遺産1億円以下

かつては、基礎控除がかなり高い水準で設定されていたため、相続税は大多数の人には縁のない税金でした。しかし、平成27年以降は100人に9人が課税対象ですから、そうもいってられなくなっています。

なお、さきほど遺産総額の平均が1億4000万円といいましたが、これは統計のマジックで、ごくひと握りの大富豪の存在が平均値をつりあげているのが実態です。

現実には基礎控除を少し上回る1億円以下の申告が6割を占めます。遺産が3億円、5億円の相続なんてそうそうありません。ましてや10億円を超える大金持ちが、この日本に何人いることやら……。基礎控除を少し上回る程度なら、相続税も知れた金額です。

二次相続を通算した税負担で考える

しかし、そうはいってもお金持ちの人にとって、相続税の負担はやはり切実な問題です。相続税の税率は最低10%ですが、遺産の金額に応じて最高55%までの累進税率です。

相続税の税負担は、2回分の相続を通算して考えなければなりません。まず父親が亡くなり（一次相続）、次に母親が亡くなって（二次相続）、財産がすべて子どもの手に渡るまでに、合計でいくら税金がかかるかです。

夫婦と子ども2人の世帯で相続税がいかほどかかるか、下の表をご覧ください。

資産家の人は納税資金対策が大切

遺産の金額に応じて、合計の税額が加速度的にふくらんでいくのがわかりますね。遺産が1億円以下ならたいした税負担ではありませんが、2億円、3億円となると、納税資金のことを真剣に考えな

〈相続税の負担額〉（夫婦と子ども２人のケース）

遺産総額	相　続　税		
	一次相続	二次相続	合　計（税負担割合）
5,000万円	10万円	—	10万円（0.2%）
8,000万円	175万円	—	175万円（2.2%）
1億円	315万円	80万円	395万円（4.0%）
2億円	1,350万円	770万円	2,120万円(10.6%)
3億円	2,860万円	1,840万円	4,700万円(15.7%)
5億円	6,555万円	4,920万円	1億1,475万円(23.0%)
10億円	1億7,810万円	1億5,210万円	3億3,020万円(33.0%)
20億円	4億3,440万円	3億9,500万円	8億2,940万円(41.5%)
30億円	7億　380万円	6億5,790万円	13億6,170万円(45.4%)
50億円	12億5,380万円	12億　790万円	24億6,170万円(49.2%)
100億円	26億2,880万円	25億8,290万円	52億1,170万円(52.1%)

（注）民法で定める割合どおりに相続した場合の計算です。
相続税額の具体的な計算方法は、第34話を参照してください。

ければなりません。

さらに5億円を超える相続ともなると大変です。手をこまねいて放っておくと、残された遺族が悲惨な目にあいかねません。預貯金だけで億単位の税金を納めることのできる人は限られます。通常は相続財産の大半が不動産等で、これを処分して納税資金を捻出するか、あるいは「延納」や「物納」に頼るか、いずれにせよ生前に十分考えておかないと、残された遺族は納税問題で四苦八苦という状況に追い込まれます。

二次相続には配偶者の税額軽減がない

さきほどの表で「一次相続」の欄だけ見ると、さほど重い税負担とは感じられません。遺産が100億円の場合でさえ26％の税金ですんでいます。これは「配偶者の税額軽減」という特例が用意されているためです。

夫の財産は夫婦共同で築きあげたものゆえ、妻が相続するとき民法の相続割合分（2分の1）まで税金をかけない、とするものです。

結果的に一時相続では、100億円の遺産のうち子どもが相続する2分の1の部分（50億円）にだけ相続税がかかる、という計算になります。

ただし、二次相続で子どもだけが相続するとき、このように大きな恩典はありません。母親から子どもが相続する50億円の財産には、もろに相続税がかかります。その結果、一次相続とほぼ同額の25億円もの税負担が生じるというしだいです。

資産家の人は、一次相続だけみて「何とかなるさ」と安心していてはダメ。敵は二次相続にあり、ということを肝に銘じてください。

相続が3代続けば……

最後に、教訓めいたお話をひとつしましょう。相続が3代続けば財産がなくなる、という言葉をお聞きになったことがあるでしょう。よく引き合いに出されるのが、渋沢一家の話です。

昔から豪邸が立ち並ぶ東京都大田区田園調布――この町は大正時代、東急電鉄を創設した渋沢栄一がオーナーをつとめる、田園都市株式会社によって分譲されました。

渋沢家も当初広大な敷地を所有していましたが、昭和6年に栄一が亡くなって、相続税の納税のため土地の一部を切り売り。その後も、息子と孫の相続がありそのたびに切り売りが続き、所有地は当初の4分の1ないし5分の1になってしまったとのことです。

第33話 おじいちゃんの訃報(2)

土地評価のしかた

「えっ！　土地だけで1億3500万円……」

田中さんちのパパが目を白黒させています。四十九日の法要が終わり、パパはおじいちゃんの相続税のことが気になりだし調べてみました。相続人は、おばあちゃんとパパ、それにパパのお姉さんの3人です。

相続税の基礎控除は「3000万円＋相続人1人あたり600万円」ですから、田中さんちの場合は「3000万円＋600万円×3人＝4800万円」。遺産がこの金額を上回れば、その部分に税金がかかります。

おじいちゃんの遺産で、大きなものは自宅とアパート。土地は〝路線価〟で評価する、とパパは知り合いから聞きました。そこで国税庁のホームページで調べると、こういう計算です。

自宅の敷地が「240㎡×25万円=6000万円」で、アパートの敷地が「250㎡×30万円=7500万円」――よって、合計1億3500万円。

これだけで基礎控除の4800万円をはるかに超えている……。あと、預金や株式を加えたらどうなることやら。とんでもない税金がかかるんじゃないかと、パパは真っ青です。

特例を使えば50%ないし80%の評価減

おっと田中さん、ご心配なく。われわれ〝税金〟は、相続で一般庶民を苦しめるような、そんな無慈悲なことはしませんよ。まず、土地の評価に関して超大型の特例をもうけています。「小規模宅地の評価の特例」といって、一定の土地の評価を80%（または50%）引き下げるというものです。

たとえば、時価が1億円する（1億円で売れる）土地でも、相続税の計算上は2000万円の評価ですむという、大盤振る舞いの恩典です。

200㎡〜400㎡まで評価減

対象となるのは、居住用・事業用・貸付用に使っていた土地です。一定面積までという制約はありますが、次頁の表のように80%または50%減額されて、評価額は20%または50%相当額となります。

建物の敷地でないとダメ

居住用だけでなく、事業用や貸付用の土地もあるときは、限度面積が次のようになります。

① 適用対象に貸付用がなく、居住用と事業用の両方の宅地があるときは、それぞれ下記面積まで適用することが可能で、合計730㎡まで評価減ができます（凄いでしょう！）。

② 適用対象に貸付用もあるとき貸付用の土地に対する適用は、一定の算式で計算した面積までとされます。

なお、この特例が適用される土地は、建物の敷地に限ります。人が居住や事業をするのは建物であって、土地ではないですからね。露天で商いをしていても、その土地に特例の適用はありません。貸地の場合、借り主名義の建物が建っている土地が適用対象です。

〈限度面積と減額割合〉

	限度面積	減額割合	評価額
居住用宅地	330㎡	80%	20%
事業用宅地	400㎡	80%	20%
貸付用宅地	200㎡	50%	50%

居住用宅地は被相続人または生計一親族が住んでいたことが条件

話を居住用に絞りましょう。被相続人または生計一親族が住んでいた被相続人の家の敷地でないと特例の適用はないのですが、例外的に、相続開始時点で被相続人が住んでいなくても、適用されるケースがあります。それは、被相続人が老人ホームに入居していた場合です。

要介護または要支援の認定を受け、特別養護老人ホームや有料老人ホームに入居していた場合、入居後に生計一親族〝以外〟の人がその家に移り住んでいないことを条件に、居住用として認められます。

居住用宅地でも特例対象は限られる

ところで、居住用宅地に該当すれば即、80％の評価減が認められるかといえば、そうではありません。適用対象となるのは、居住用宅地のうち次の〝特定居住用宅地〟に限られます。

〈特定居住用宅地の範囲〉

① 配偶者が取得した場合
② 被相続人の居住用宅地を被相続人と同居していた親族が取得し、かつ、相続税の申告期限まで引き続き居住および所有をしている場合
③ 被相続人に配偶者や同居親族がいないときで、相続開始前3年間、自己または自己の

配偶者等が所有する家屋に居住したことがない親族（いわゆる〝家なき子〟）が被相続人の居住用宅地を取得し、かつ、相続税の申告期限まで引き続き所有している場合

④ 被相続人と生計を一にしていた親族が住んでいた被相続人所有の居住用宅地を、その生計一親族が取得し、かつ、相続税の申告期限まで引き続き所有し、また、相続開始前から申告期限まで自己の居住の用に供している場合

配偶者が相続したときは、無条件で特例が適用されますが、②～④の場合には、〝同居していた〟とか〝居住し続ける〟あるいは〝所有し続ける〟ことが条件となっています。特に問題なのは③のケースです。いっとき「家なき子節税」なるものが横行しだしたため、いまでは右記以外にもあれこれ規制されています。

配偶者が相続すれば評価額が大幅に下がる

さてそこで、田中さんの相続税を安上がりにしようと思ったら、まず、自宅をおばあちゃんが相続することです。そうすれば無条件で80％の評価減。たとえ、相続の直後に子どもが母親を引き取って、その家を売っても適用が受けられます。20％相当額ということになれば、「6000万円×0・2」となり、自宅敷地の評価額はわずか1200万円です。

貸家の敷地は評価減

次に、田中さんちのおじいちゃんの相続財産にはアパートがありますね。賃貸アパートなど、貸家の敷地のことを「貸家建付地」といいます。こういう土地は空き地（自用地）のように自由に処分できません。そこで相続税の計算でも、空き地とくらべ評価を下げることになっています。

いかほど評価が下がるかといえば、〝借地権割合〟と〝借家権割合〟をかけた割合分まで。これらの割合は税務署で決めていますが、たとえば田中さんちのアパートが、借地権割合60％、借家権割合30％の場所にあれば、「60％×30％」で18％分だけ評価が下がり、７５００万円だった課税価格が６１５０万円の評価ですみます。

さらに、この土地は貸付用宅地なので50％の評価減もできます。２４０㎡の自宅があるので２５０㎡全部は無理で、（計算は省略しますが）54㎡に特例が認められます。

土地と建物の名義を同一人に

なお、貸家建付地に関しご注意いただくのは、もし建物がおじいちゃん以外の人、たとえば子どもの名義になっていたら、敷地は自用地扱いで評価（７５００万円）されてしまいます。土地と建物の名義が同じなら「貸家建付地」、違っていれば「自用地」扱いということです。

一般論として、所得分散の観点から自用地タイプの建て方をしているアパートやマンションがあれば、建物を本人名義に切り変えることを考えてみてはどうでしょう。たちどころに評価が下がります。即効性ある相続税対策になりますよ。

老舗そば屋の相続税

最後に、興味深い実話をお話ししましょう。大阪の繁華街に3代続く老舗のそば屋があって、その店のご亭主が亡くなりました。数年前に妻を亡くして以来、店は一人息子が切り盛りし本人は今や楽隠居の身。自宅は既に息子名義にしてあったので、相続財産は店舗と銀行預金が少々です。

ところが、申告期限が近づき相続税の計算をしてみて息子はびっくり。とんでもない税額になることがわかったのです。店の敷地は40坪あって、路線価を調べると坪あたり700万円。ということは、土地だけで40坪×700万円＝2億8000万円の評価です。

相続人は息子1人。預金など2000万円を加えて相続税を計算すれば、納税額は9000万円を超えます。計算結果を見て、息子は茫然自失の状態……。

さてここで救いの神が現れました。そう、小規模宅地の評価の特例です。事業用の宅地なら最高80％の評価減ができる――80％の評価減をして20％相当額で評価するとなれば、2億8000万円×20％＝5600万円。これだと納税額は600万円ですみます。

問題は80％の評価減を適用するには、どういう条件が必要かということです。まず、事業（そば屋）をしていたのは、被相続人ではなくその息子だという点。この場合、親子2人が生計を一にしていたかどうかがポイントです。幸いなことに被相続人は、息子一家と同居し生計を一にしていました。

もう一つ条件があります。それは息子が申告期限まで、相続した土地を所有し続け、かつ、事業を継続するということ。申告期限は相続日の10か月後です。それまではなんとしてもそば屋を続ける、そうすれば9000万円かかる税金が600万円ですむ、というしだいです。

第34話

おじいちゃんの訃報(3)

配偶者の税額軽減の特例

「うーん、困ったなぁ。基礎控除を超えてるから、税金がかかるのか」

田中さんちのおじいちゃんの相続税――パパの計算では、相続財産はざっと1億2000万円です。

田中さん、相続税を安上がりにするために、「配偶者の税額軽減」の特例をいかに有効活用するかを考えましょう。相続税には他にも小粒の特例があれこれありますが、この特例は使い方しだいで絶大な威力を発揮しますよ。

法定相続分まで妻には相続税がかからない

第32話でも述べましたが、夫または妻の財産は夫婦共同で築き上げたものゆえ、その配偶者が相続するときは民法の相続割合分まで税金をかけない、というのがこの特例の趣旨です。

〈おじいちゃんの遺産〉

土地(自宅・アパート)	6,600万円
建物(自宅・アパート)	700万円
株　　式	1,800万円
預 貯 金	2,600万円
そ の 他	300万円
合　　計	1億2,000万円

相続の際、配偶者は常に相続人となり、さらに、次の順序で配偶者とともにそれぞれが相続人となります。

〈相続人の順位〉

第1順位⇒「子」

第2順位⇒子がいないときは「父母」

第3順位⇒子と父母がいないときは「兄弟姉妹」

また、それぞれのケースにつき、民法では相続割合を次のように定めています。

〈相続割合〉

① 配偶者と子で相続するとき⇒配偶者が2分の1、子が2分の1

② 配偶者と父母で相続するとき⇒配偶者が3分の2、父母が3分の1

③ 配偶者と兄弟姉妹で相続するとき⇒配偶者が4分の3、兄弟姉妹が4分の1

1億6000万円が相続税の免税点

夫が亡くなった場合、通常は妻と子どもで相続しますから、妻の相続割合は2分の1です。そこで、妻が遺産の半分を相続し、この特例を最大限に活用すれば、妻には相続税がかかりません。事実上、子どもが相続する残り半分に対する税金だけ支払えばいい、ということです。

ところで、この話にはさらにウマ味があって、それは特例の適用対象として最低1億6000万円は保証する、というものです。

たとえば遺産が2億円のとき、民法の相続割合は2分の1で1億円ですが、このときでも1億6000万円までこの特例が使えます。

その結果、相続税の課税対象は残り4000万円部分だけ。もしも遺産総額が1億6000万円以下なら、この特例をフルに使えば相続税はかかりません。

たとえ相続人が3人で基礎控除が4800万円の場合でも、1億6000万円までは税金がかからないということで、1億6000万円が事実上の免税点となっています。

妻が実際に相続するのが条件

なんとも大盤振る舞いの特例ですが、大事な条件がひとつあって、それは妻が財産を実際に相続することです。

つまり、「2分の1」とか「1億6000万円」というのは、あくまで特例の適用枠です。権利行使できる枠がそれだけあっても、実際に特例を受けるためには、その金額以上の財産を妻が相続しなければなりません。

ということは、たとえば遺産が1億6000万円のときに、この特例をフルに活用すれば（つまり妻が全財産を相続すれば）、確かに一次相続で税金はかかりません。しかし第32話でもお話ししたように、敵は二次相続にあり。妻が相続した1億6000万円の財産を、次に子どもが相続するとき、相続税がどうなるかを考えなければなりません。

一次と二次の税金を通算して考える

下表の試算結果をご覧ください。遺産総額が1億6000万円で、相続人が妻と子ども2人のとき、遺産分割をどうするかで、一次相続と二次相続の合計の税額がどう変わるかです。

一次相続で税金がかからないからといって、①のように特例をフルに受けて、妻が1億6000万円の全財産を相続してしまうと、次の

〈1億6,000万円を妻と子2人で相続するケース〉

	一次相続	二次相続	合　計
①妻がすべて相続	—	2,140万円	2,140万円
②妻と子が半分ずつ相続	860万円	470万円	1,330万円
③子が全部相続	1,720万円	—	1,720万円

相続（二次相続）が大変。大きな税金が子ども2人にかかってきます。

特例をフルに受けると不利？

むしろ③のように、今回の相続では特例をまったく使わない（妻は相続しない）方が、2回合計の税額は安上がりです。さらに、それよりもっと賢いやり方は、②のように遺産分けすることです。

一次相続で子どもが全体の半分の8000万円相当の財産を取得し、その分の税金は払っておきます。その代わり、次回の相続財産は残り8000万円だけで、これは基礎控除（3000万円＋600万円×2人＝4200万円）を3800万円（1人あたり1900万円）上回るだけなので、たいした税負担にならないという高等戦術です。

妻に多額の固有財産があるときは要注意

ただし、夫だけでなく妻にも多額の固有財産があるという場合は、配偶者の特例をどのように受けるか、よくよく考えなければなりません。

たとえば、妻が義父母と養子縁組をして過去に義父から相続を受け、夫婦2人がそれぞれ財産を10億円ずつ持っているというケースを考えます。

先日、夫が亡くなりました。相続人は妻と子ども2人の計3人です。さてこの相続で、どのような遺産分けをするのが賢明でしょうか。

配偶者の特例をフルに受けるべく妻が半分相続する場合(a)と、妻はいっさい相続せず子どもが全財産を取得する場合(b)について、それぞれ一次相続と二次相続の税額を計算すれば、下表のとおりです。

一次相続の税額を最小限にとどめるには、妻が半分を相続(a)のケース)して、配偶者の特例をフルに適用することです。その場合、税額は1億7810万円ですみます。もし配偶者の特例をいっさい受けない、つまり妻は相続せず子どもが全財産を取得(b)のケース)すれば、税額はその倍の3億5620万円かかってしまいます。

次に二次相続の計算です。(a)のケースでは、妻が夫の財産を5億円相続しているので、(b)と比べてその分、課税価格がふくらんで子ども2人で相続するとき、税額は2億6290万円も増加してしまいます。

つまり2回の相続を通算して考えれば、一次相続で配偶者の特例にこだわってしまうと、結果的に8480万円だけ余分の税負担をこうむる、ということをこの試算は示しています。

	一次相続	二次相続	合　計
(a)　妻が半分相続する場合	1億7,810万円	6億5,790万円	8億3,600万円
(b)　子がすべて相続する場合	3億5,620万円	3億9,500万円	7億5,120万円
差　　引	Δ1億7,810万円	2億6,290万円	8,480万円

●常識的な遺産分割を

とはいえ、以上の説明はあくまで机上の空論です。理屈の話として参考程度にお聞きおきください。現実に遺産分割をする際は、以上の計算のほか、さまざまな要素を考慮しなければなりません。

たとえば、一次相続から二次相続までの間に、財産（特に預貯金）がいかほど目減りするか。妻の老後資金の問題を無視して、子どもに財産をシフトしてしまう遺産分けが果たして可能かどうか。

あるいは、まだ年若い子どもに大きなお金を持たせるのはいかがなものか。経済的に満たされてしまうと、人間、勤労意欲をなくします。子どもにとってそれが幸せなことなのか。いくら節税になるといっても、非常識な遺産分割は将来に禍根を残す結果となりかねません。

●子どもに必要なお金は相続させる

だけど逆に、こういう面も考えておいてください。遺産が1億6000万円以下で、配偶者の特例を適用し税額をゼロにするために、全財産を妻が相続する。ところがその場合、その後子どもにマイホームの取得など大きな買い物をする必要が生まれたとき、遺産のお金をそのまま子どもが使うわけにいきません。

全財産を妻が相続しましたから、それを子どものために使うとなると贈与問題が生じます。この場合、将来の必要資金を子どもに相続させ、その分相続税を納めておくのが賢明です。とはいえ、預金通帳などを子どもに渡してしまう必要はなく、その時が来るまで母親が保管しておく、ということでも構いません。

〈参考1〉相続税計算のしくみ

財産の評価

すべての相続財産を金銭で評価する。

⇩

課税価格の計算

上記の評価額に、次のものをプラス・マイナスする。

① 相続で承継した債務（借入金・公租公課など）を差し引く。

② 葬式費用を差し引く。

③ 死亡前3年以内（令和6年1月以後は7年以内）に受けた贈与財産を加える。

⇩

課税遺産総額の計算

上記の課税価格から基礎控除額（3,000万円＋1人あたり600万円）を差し引く。

⇩

相続税の総額の計算

各相続人が法定相続割合で相続したものとして各人の税額を計算し、これを合計する。

⇩

各相続人が納付する相続税額の計算

上記の相続税総額を各相続人の実際の相続割合で按分し、さらに次のようにプラス・マイナスする。

① 配偶者の税額軽減

最大で、配偶者の法定相続分相当額（または1億6,000万円のいずれか多い金額）に対応する税額を控除

② 税額の2割加算

配偶者・親・子以外の者（兄弟姉妹・孫など）の税額は2割増しとなる。

③ 贈与税額控除

死亡前3年以内に受けた贈与に対し納付した贈与税額を控除

④ その他の税額控除

相次相続控除

10年以内に二次相続が起これば納付税額から一定額を控除

未成年者控除

納付税額から「10万円×（18歳－未成年者の年齢）」相当額を控除

障害者控除

納付税額から「10万円（特別障害者は20万円）×（85歳－障害者の年齢）」相当額を控除

外国税額控除

在外財産に対する外国相続税額を納付税額から控除

〈参考２〉相続税額の計算

相続税額の計算は、次の順序で行います。

（第１ステップ）課税遺産総額の計算

遺産総額－基礎控除額＝課税遺産総額

（第２ステップ）相続税の総額の計算

課税遺産総額を法定相続割合で分け、速算表を使って各人ごとに税額を計算します。

→ 各人ごとの税額を合計したものが相続税の総額です。

（第３ステップ）各人の納付税額の計算

相続税の総額を実際に取得した相続割合で各人に按分します。

→ 相続人ごとの事情に応じて税額を加減算します。（配偶者の税額軽減、税額の２割加算etc.）

たとえば、１億6,000万円の遺産を、妻と子２人で法定相続割合どおりに相続する場合は、相続税額を次のようにして計算します。

[一次相続の計算]

（第１ステップ）

基礎控除額：3,000万円＋600万円×３人＝4,800万円

課税遺産総額：１億6,000万円－4,800万円＝１億1,200万円

（第２ステップ）

相続税の総額

妻：１億1,200万円×$\frac{1}{2}$＝5,600万円

5,600万円×30％－700万円＝980万円……①

子：１億1,200万円×$\frac{1}{2}$×$\frac{1}{2}$＝2,800万円

2,800万円×15％－50万円＝370万円

370万円×２人＝740万円……②

①＋②＝1,720万円

〈相続税の速算表〉

取得価額	税 率	控除額
1,000 万円以下	10%	—
3,000 万円以下	15%	50 万円
5,000 万円以下	20%	200 万円
1 億円以下	30%	700 万円
2 億円以下	40%	1,700 万円
3 億円以下	45%	2,700 万円
6 億円以下	50%	4,200 万円
6 億円超	55%	7,200 万円

（第３ステップ）

〈各人の納付税額〉

	妻	子A	子B	合 計
課税価格	8,000 万円	4,000 万円	4,000 万円	1億 6,000 万円
同上の割合	0.5	0.25	0.25	1.0
相続税総額	1,720 万円			
算出税額	860 万円	430 万円	430 万円	1,720 万円
配偶者軽減	Δ 860 万円	—	—	Δ 860 万円
納付税額	—	430 万円	430 万円	860 万円

（注１）「算出税額」は、相続税総額に課税価格の割合を掛けた金額です。

（注２） 配偶者の税額軽減額の計算

$$\underset{\text{相続税総額}}{1,720\text{万円}} \times \frac{\overset{\text{妻の課税価格}}{8,000\text{万円}}}{1\text{億}6,000\text{万円（課税価格合計）}} = 860\text{万円}$$

[二次相続の計算]

（第１ステップ）

基 礎 控 除 額：3,000万円+600万円×２人=4,200万円

課税遺産総額：8,000万円−4,200万円=3,800万円

（第２ステップ）

相続税の総額

子：$3,800\text{万円} \times \frac{1}{2} = 1,900\text{万円}$

1,900万円×15%−50万円=235万円

235万円×２人=470万円

(第3ステップ)

〈各人の納付税額〉

	子A	子B	合 計
課税価格	4,000万円	4,000万円	8,000万円
同上の割合	0.5	0.5	1.0
相続税総額	470万円		
算出税額	235万円	235万円	470万円
配偶者軽減	—	—	—
納付税額	235万円	235万円	470万円

第35話 おじいちゃんの訃報(4)

一代飛ばしの相続税対策

田中さんちのおじいちゃんの相続税は、遺産総額が１億２０００万円。その大半をおばあちゃんが相続したので、配偶者の税額軽減の特例により、相続税は２００万円ですみました。

ところで、相続が3代続けば財産がなくなる、とよく耳にします。たとえば、[図表１]のような家系の一族があるとしましょう。

祖父Aがいま１００億円の財産を持っていて、最終的にそれが孫Eの手に渡る時点で、いくら残るか計算してみます。

[図表 1]

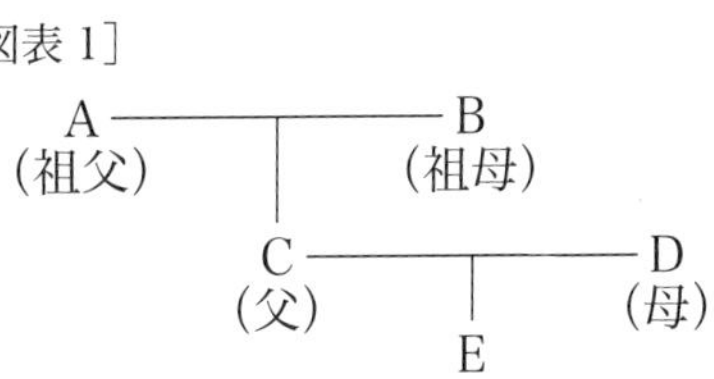

○●●○ 100億円の財産が三代で22億円に目減り

A（祖父）→B（祖母）→C（父）→D（母）の順に相続が発生し、そのたびに納める相続税は、子・孫ともに1人ずつだとすれば、26億6645万円（祖父の相続）＋26億5820万円（祖母の相続）＋12億217万円（父の相続）＋11億9392万円（母の相続）＝77億2074万円。ということは、孫の手に渡るのは100億円－77億2074万円＝22億7926万円となります。

庶民感覚では22億円もあればいいんじゃない、と言いたいところですが、財産を築いた人にすれば耐え難いことかもしれませんね。とはいえ、これがわが国の相続税の実態です。何ら対策を打たず、税金のかかるがままだと、こういう仕儀にあいなります。

○●●○ 10億円の財産が孫の手には4億1000万円

こういう場合、一代飛ばしの対策が大きな節税効果をもたらします。遺産が100億円だなんて非現実的ですから、もう少し控えめに10億円として計算してみましょう。

財産を［図表2］のような順に流すとすれば、4回の相続で税金が合計5億8347万円かかり、孫Eの手元には差引き4億1653万円しか残りません。

[図表2]

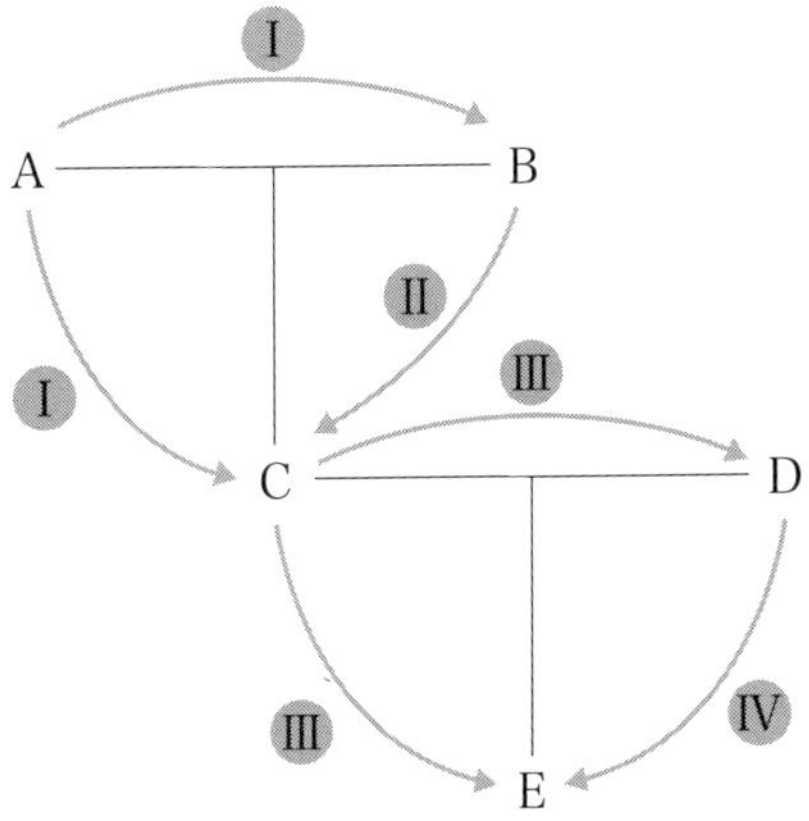

	相続財産	相 続 税
Ⅰ 一次相続（A → B・C）	10億円	1億9,750万円
Ⅱ 二次相続（B → C）	5億円	1億9,000万円
Ⅲ 三次相続（C → D・E）	6億1,250万円	1億　136万円
Ⅳ 四次相続（D → E）	3億　625万円	9,461万円
合　　計	—	5億8,347万円

一代飛ばせば1億5000万円強の節税

さてここで、流れをA→Eに変えることを考えてみましょう。つまり、B、C、Dには遺産分けをせず、養子縁組みをして全財産を孫Eに渡してしまうという戦法です。このとき税金は4億2744万円で、先ほどの正攻法の計算と比べて1億5603万円の節税となり、その分Eの手取り額は増えて5億7256万円を引き継ぐことができます［図表3］。

一代飛ばしの手続き

孫はもともと相続人ではありません。そこで相続を一代飛ばすには、つまり孫が祖父から相続を受けるためには、〝養子縁組〟または〝遺言〟のいずれかの手続きが必要です。

いずれも税額が2割増し（2割加算）となりますが、違いは基礎控除の金額です。養子なら基礎控除（3000万円プラス相続人1人あたり600万円）の計算で、相続人の数にカウントされますから、養子縁組の方が有利です。ただし、諸般の事情で現実問題としてそれはできないという人には、遺言書を書いていただくことになります。

［図表3］

	相続財産	相続税	手取り額
通　　常	10億円	5億8,347万円	4億1,653万円
一代飛ばし	10億円	4億2,744万円	5億7,256万円
差　引		Δ1億5,603万円	1億5,603万円

[図表4]〈1億円を遺贈する場合〉

	相続財産	相続税
一次相続	10億円	2億　540万円
二次相続	5億円	1億9,000万円
三次相続	5億5,200万円	8,775万円
四次相続	2億7,600万円	8,100万円
合　計		5億6,415万円

	遺贈なし	遺贈あり	差　引
一次相続	1億9,750万円	2億　540万円	790万円
二次相続	1億9,000万円	1億9,000万円	―
三次相続	1億　136万円	8,775万円	Δ1,361万円
四次相続	9,461万円	8,100万円	Δ1,361万円
合　計	5億8,347万円	5億6,415万円	Δ1,932万円

(注) 一次相続の相続税額が790万円増加しているのは、E（孫）の納税額が通常の2割増しとなるためです。

1億円の遺贈で2000万円の節税

実際に一代飛ばしをするとき、前記の計算のように妻や子どもを一切無視して全財産を孫に、というのは現実的でありません。そこで最初の正攻法の計算のように、一次、二次……と順番に相続はするものの、一部を遺言で孫にという併用方式をとった場合、遺贈する金額に応じて［図表4］のような節税効果が得られます。

1億円の遺贈を行った結果、遺贈しない場合と比べ

[図表5]〈3億円を遺贈する場合〉

	相続財産	相続税
一次相続	10億円	2億2,120万円
二次相続	5億円	1億9,000万円
三次相続	4億3,100万円	6,080万円
四次相続	2億1,550万円	5,480万円
合　計		5億2,680万円

	遺贈なし	遺贈あり	差　引
一次相続	1億9,750万円	2億2,120万円	2,370万円
二次相続	1億9,000万円	1億9,000万円	—
三次相続	1億　136万円	6,080万円	Δ4,056万円
四次相続	9,461万円	5,480万円	Δ3,981万円
合　計	5億8,347万円	5億2,680万円	Δ5,667万円

て、トータルの納税額は［図表4］のように1932万円減少し、その分E（孫）の手取り額が増加します。

3億円の遺贈では5600万円の節税

遺贈の金額をもっと増やして3億円にすれば、［図表5］のようになります。

3億円の遺贈を行った結果、遺贈しない場合と比べて、トータルの納税額は［図表5］のように5667万円減少し、その分E（孫）の手取り額が増加します。

遺言のしかたに気をつけて

遺言書を書くとき、通常は不動産を孫に渡すことを考えるでしょう。その際、気をつけるべきは納税資金の問題です。土地や建物の遺贈を受けた孫が、その税金をどうやって納めるのか。物納や延納という手段もなくはないですが、税金は原則として現金で納めます。孫には手持ち現金がないから代わりに親が納める、なんてことをすると問題です。孫が支払うべき税金を親が負担する――そう、もうおわかりのように、これは立派な贈与です。まず相続税が課税され、そこに贈与税が上乗せでかかります。

そうならないよう、孫には不動産だけでなく、納税資金を上乗せして遺贈しなければなりません。現金が上乗せされると、その分納税額がふくらみます。遺言書を書くときは、そのあたりのことを十分に考慮した内容にしなければなりません。

養子縁組も一考

しかし現実には、将来の相続時点での地価を予測して計算するのも、なかなかやっかいな作業です。

そこでこうした煩わしさを避けるため、できることなら養子縁組をお勧めします。養子には相続権がありますから、遺産分割の話し合いに参加できます。生前に取得財産を特定しなくても、相続が発生してから税額をはじいて、必要な納税資金を相続させることが可能だということです。

ライフステージ ❼

世代交代の準備

（60代～）

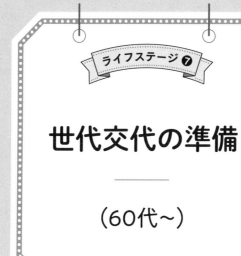

第36話 ツヨシくんの飲み会

レジャーと税金

「おい田中、ビールはあんまり飲むな」

「え、どうして？」

「税金が高いからな。半分は税金らしいぞ。その点、発泡酒はいいよな、安くって」

会社帰りに田中さんちのツヨシくんが、同僚と居酒屋で一杯やっています。

人生いたるところ税金あり。気づかずに払っている税金もたくさんありますよ。

直接税と間接税

所得税には存在感があります。自営業の人はもとより、サラリーマンでも給与明細票を見るたび意識させられますから。でも世の中には、存在感のない税金も多々あります。

自分では税金を納めた意識がないけれど、買い値に税金が含まれていて、結局は税金を負担したことになっているもの――こういうのを「間接税」といいます。

一方、所得税や法人税のように、自ら納得（？）して納める税金は「直接税」です。

消費税は間接税の代表格

いま、消費税がわれら〝税金〟のホープとして、税収の大きな柱に育ちました。買い物をすればなんでもかんでも、10％か8％の税率でかかってくるあの税金。教育・医療・福祉には目をつぶりますが、レジャーなんてかっこうの標的です。

所得税のような直接税は、とられる側に痛税感があるので、中々いま以上に増税するわけにいきません。これからはどうしても大型の間接税のウエイトが高まっていきそうです。

ビールは半分近く税金

さて、ツヨシくんたちが飲んでいるお酒には「酒税」を配置しています。これもなかなかの活躍ぶりで、税収として間接税のうち、消費税・揮発油税に次ぐ第三番の地位を確保しています。

お酒の種類ごと負担率は違いますが、たとえばビールなら、小売価格２００円の３５０mlの缶ビールに含まれる酒税が63円、さらに消費税が18円で、４割強が税金となっています（下表）。

ついでに、その他のお酒の酒税と税負担率はこんな具合です。

発泡酒の税金は安い

ツヨシくんたちの会話に出てきた「発泡酒の税金が安い」のは、麦芽使用率が25％未満だからです。同じ３５０ml缶で一般のビールが63円のところ、発泡酒の酒税は47円に抑えられています。さらに、麦芽を使用しない第三のビールと呼ばれる新ジャンルの発泡性酒類も、47円に抑えられています。

	小売価格（標準）	税金			税負担率
		酒税	消費税	計	
日本酒（1.8l）	2,035円	180円	185円	365円	17.9%
焼酎（1.8l）	1,878円	450円	170円	620円	33.0%
ワイン（720ml）	770円	72円	70円	142円	18.4%
ウィスキー（700ml）	2,068円	301円	188円	489円	23.6%

ただし油断は大敵。国はビール系飲料の酒税の税率を、一本化する取組みを進めています。令和5年10月には発泡酒の定義が変わりました。そして令和8年10月には、次のように3つの酒税を54円に統一することが決まっています。

ビール	63円↓54円
発泡酒	47円↓54円
新ジャンル	47円↓54円

おそらく数年先には、発泡酒が値上りし、ビールの値段は下がっていることでしょう。

食後の一服は6割強の税金

さて、食後の一服にも税金がかかります。たばこにかかる税金はすさまじく、国が「たばこ税」と「たばこ特別税」、地方は「道府県たばこ税」と「市町村たばこ税」、ここに通常の「消費税」と「地方消費税」もかかるという、たいへんな分捕り合戦の場になっています。

全部あわせて定価の半分以上が税金です。たとえば、メビウスは1箱20本入りで580円ですが、税金が6割強の358円——ああ、税金よ、煙とともに去りぬ……。

「そういえば山中のやつ、スポーツカーを買うんだってな」

「ほう、そりゃすごい」

「中古で200万円ぐらいだけど、税金や保険がけっこうかかるらしいなあ」

車にも税金があれこれ

車にもあれこれ税金がかかります。まず、買ったときかかるのが「自動車税（種別割）」、「自動車税（環境性能割）」、「自動車重量税」、「消費税」の4つ。自動車税の種別割は排気量に応じて2万5000円～11万円、環境性能割（以前は自動車取得税と称していました。）は購入額に税率を掛けて算定します。税率は、車種や用途（自家用、営業用）と燃費基準で違いますが、自家用車なら1～3％です。電気自動車や燃費基準を達成したハイブリッド車などは非課税となっています。

それから、自動車重量税は車両重量に応じて、エコカー以外の自家用乗用車なら1万2300円～7万3800円です。電気自動車や燃費基準を達成したハイブリッド車などは免税、それ以外のエコカーは税額を軽減しています。

いずれも販売店で手続きをするので気づきにくいのですが、購入時の支払額にきちんと上乗せされています。

一例として、「排気量2000cc、エコカー以外、重量1・8トン、販売価格（税抜き）300万円」の自家用車を購入したとき、税金は次頁のとおり、合計で40万円強です。

購入後もあれこれの税金

なお、購入後は毎年、車種や排気量に応じた金額で「自動車税（種別割）」または「軽自動車税（種別割）」を納めなければなりません。

さらに、2年目の車検のたびごと「自動車重量税」が再びかかってきます。

それからさらに、ガソリンを入れるたび知らないうちに、「揮発油税」や「地方揮発油税」（2つをまとめて「ガソリン税」）なるものも、1リットルあたり約54円ご負担いただいております。

自動車税（種別割）	3万6,000円
自動車税（環境性能割）	3万円
自動車重量税	4万9,200円
消費税	30万円
合計	41万5,200円

ゴルフや温泉にも税金

さて、レジャーにもいろいろ税金がかかります。レジャーの花形はゴルフ、これにはその名もずばり「ゴルフ場利用税」というのを用意しています。1日プレーするのに、通常1人8000円。ゴルフ場に支払う2万から3万円のうちの800円ですから、ま、安いもんでしょ。

それから温泉行き。ここでは「入湯税」をご負担いただきます。これも1人1日150円といったところで、たいした税負担じゃないですよね。

あと、東京都などではホテルや旅館に宿泊したとき「宿泊税」なるものを導入し、自治体によって異なりますが、1人1泊100円～1000円を徴収しています。

海外旅行のみやげ物に税金が？

海外旅行で買ったみやげ物を国内に持ち込むとき、通常は免税ですが、あまり買い込みすぎると税金がかかります。

まず、みやげ物が次の範囲なら、消費税を含め税金は一切かかりません。

・お　　酒……1本760cc程度のもの3本まで
・外国たばこ……紙巻200本、葉巻50本、その他250gまで
・香　　水……2オンス（約56cc）まで
・そ　の　他……海外市価で合計20万円まで

ところが、この免税範囲を超えて持ち込むと、「関税」とさらに酒税、消費税などの間接税が、合せて次のようにかかってくるのでご用心。

・ウィスキー、ブランデー……800円／リットル
・ラム、ジン、ウォッカ……500円／リットル
・ワ　イ　ン……200円／リットル

・紙巻たばこ……15円／本
・その他（ライター、ベルト、ハンドバック、ネックレス、指輪、ネクタイetc.）
……課税価格（海外市価の60％程度）の15％

第37話 ボク結婚するよ

結婚と税金

「もうすぐね」

「ん、ああ、ツヨシのことか。もうあと1か月だなあ」

「ついこの間まで、子どもだったのに……」

「あちらは一人娘だから、いろいろ大変なんだろうなあ」

田中さんちのツヨシくんが結婚することになりました。お相手は同じ職場のメグミさん。

さて、結婚するのにいかほどお金がかかるのか。かつてバブルの時代は、男女合せて1000万円近くかかりました。今はさすがにそこまではしません。特に新型コロナ禍で挙式・披露宴にかけるお金が減少しています。それでも平均して４００万円ぐらいは必要なようです。

結婚するのに４００万円

婚約の結納式で30万円、挙式・披露宴で３００万円、婚約指輪・結婚指輪が２人で60万円、新婚旅行代がお土産も入れて40万円、といったところでしょうか。一部にはジミ婚志向が広まりつつあるとはいえ、ブライダル産業はまだまだ健在のようです。

さて、式場、新居、ハネムーンの手配から家具や衣装選びまで、あわただしい半年間を経て結婚式を来月に控えたメグミさん、うきうきした表情にこのところ、ふと影のさす瞬間があります。

聞けば、「愛する彼からもらった１カラットのダイヤの指輪が数十万円、それと結納金が１００万円。あわせて基礎控除の１１０万円を軽く突破するんだけれど、これって贈与税がかかるのかしら。それに披露宴の費用など、親が数百万円出すことになるけど、いいのかしら……」

いやはや世の中、心配の種はつきません。

結納金に贈与税がかかる⁉

ツヨシくん、メグミさん、おめでとうございます。末永いお幸せをお祈りします。

ところで、メグミさんのご心配ごと、一緒に考えてみましょうか。まず、ツヨシくんからもらった指輪と結納金に贈与税がかかるかどうか。ここでお考えいただくのは、結婚ってなんだ、婚約とは何かという哲学的（？）大命題……。

冗談はさておき、民法をひもときますと、「夫婦は同居してお互いに協力し助け合わねばならない」などと、お説教じみたくだりが出てきます。

ということは、法律上、結婚はそのことをお互いの義務とした一種の契約関係ということになります。そして婚約というのは、将来結婚することを前提とした儀式で、そこで渡される指輪や結納金は、契約の手付金みたいな性格を持つものなんでしょう。

現に、もし女性の心変わりで婚約破棄ということになれば、男性側は当然、指輪や結納金を返してもらうことになりますね。不動産取引のように、手付け倍返しになるかどうかは知りませんけれど……。

結納金で共有財産を購入

ひと昔前のお話しですが、ある地方では結納でたとえば５００万円もらったら、その倍の

1000万円の嫁入り道具を整える風習があったとか。しかしこうなると、男性が預けたお金に女性が同額を継ぎ足して、新しい生活に必要な家具類を購入するということ。結局、二人でお金を出し合って共有財産の買い物をするというだけの話ですから、贈与税がどうのこうのと、野暮なくちばしをはさむような問題ではありません。

親からの援助にも贈与税はかからない

さて次に、お父上から受ける数百万円の援助問題です。結納金と違いこちらは、契約履行の対価とは考えにくいお金です。子どもに対する情愛の発露であり、無償の経済的援助とみるのが素直な見方でしょうが、そうなると完全な贈与。

数ある税金の中で、圧倒的な税負担を誇るのが贈与税です。非課税枠は年間110万円まで。もし500万円の贈与を受ければ48万5000円、1000万円なら実に177万円もの税金がかかってきます。

しかし、親が子どもの結婚費用を出したからといって、それで税務署が贈与税の納付書を送りつけた、なんて話は聞いたことがありません。いかにガメツイ、いや、しっかり者のわれら〝税金〟だとて、そこまで悪役には徹し切れませんからね。

世間常識からみて、とくに無茶な金額でなければ黙認します。晴れの門出にけちをつけるようなまねはいたしませんので、ご安心を。

豪華結婚式の費用を親が出したら

それじゃあ常識的な金額とはいくらか、という話になりますが、結婚式の費用は数百万円を平均値として、上には上がいくらでもあります。

財界の御曹司で何百人もの列席者を集めて、一流ホテルの大宴会場で開く豪華披露宴なら、間違いなく〝0〟がもうひとつつくでしょうね。

しかもこの場合、費用は御曹司ではなく父親が出していると思います。こうなると、いくらなんでも贈与税の出番か……？

新郎新婦はひな飾り

素朴な庶民感覚では、そういう懲悪的な感情もわいてきます。しかし現実には、そういう場合でも税務署が課税に乗り出したという話は、ついぞ耳にしたことがありません。それは、列席者の大半が父君の仕事の関係者で、事実上その宴会の主催者は父君であるという事情によるのでしょう。

つまり、新郎新婦はひな壇のお飾りみたいなもので、実態は父君が自分のお金で自分のために宴を催しているようなものですから、これでは贈与になりません。

高額の持参金は将来へ問題含み

親の援助で贈与税の心配があるとすれば、〝持参金〟です。これも世間相場ぐらいの金額なら問題ありませんが、あまり張り込みすぎると、後日大きな買い物をするときに、そのお金は使いづらいでしょうね。

なお、言わずもがなのことですが、子ども名義で新居を購入してやるなんて論外ですよ。そんなことをすれば、たちどころに税務署員が駆けつけてきます。家の名義はあくまで父親にし、これを借りるようにしてください。タダで借りても贈与税はかかりませんから。

車も同じです。名義さえ父親にしておけば、若夫婦が乗り回していても税金の心配はご無用です。

結婚・子育て資金贈与の非課税特例があるが……

ところで、将来への経済的な不安から結婚や出産を躊躇している若者層に対して、両親や祖父母が費用を一括贈与することでその不安を取り除こうとする特例があります。平成27年にできた制度で、1000万円または300万円の非課税枠が設けられています。

ただし、現実にこの特例の適用を受けている人は、日本全国で数百人程度です。どうしてみんな乗り気にならないかと言えば、とにかく手続きが面倒。まず、銀行で専用口座を開設して何か支払いをするたび、銀行に領収書を渡して出金しなければなりません。

もともと子どもの結婚費用を親や祖父母が出したところで、必要額をそのつど渡している分には贈与税の出番などありません。このようなことから、この特例の命運もそろそろ尽きるようで、次回の改正時（令和7年）には廃止されるとみられています。

メグミさんには税金還付があるかも？

さて、新婦のメグミさんは結婚後、お勤めをどうなさるのでしょうか。もし、結婚を機に正社員を辞め、ころあいを見てアルバイトかパートにということなら、ひょっとするとわたしどもからプレゼントができるかも。

結婚に限らず、退職したあと無職だったという方は、ぜひ耳を傾けてください。毎月のお給料から天引きされている源泉所得税の額は、年末まで勤務するという前提で計算されています。もしも途中で途切れたら、過大な源泉徴収となる可能性が大です。

たとえば、月給24万円の人が5月末で退職したとしましょう。この人の課税所得は、次の計算で『0』となります。

24万円《給料》×5月−55万円《給与所得控除》−4万円×5月《社会保険料控除》−48万円《基礎控除》＝△3万円→0

したがって所得税はかからない。そこで、月々の給料から天引きされている源泉税は、全額が還付です。24万円の給料なら源泉税は、ざっと4８００円×5月＝2万4０００円なり。年明けに確定申告していただけば、これをそっくりお返しします。

ツヨシくんにも還付があるかも?

あともう一つ、結婚を機に仕事を離れ専業主婦となった場合、新郎側で「配偶者控除」（38万円）の適用を受けることができるかも知れません。新婦の給与所得金額（給与支給額−給与所得控除額）が48万円以下の場合です。給与所得控除は、最低でも55万円あります。ということは給与支給額が、48万円＋55万円＝１０３万円以下であれば、新婦の源泉税が還付されるだけでなく、新郎も年末調整でそれなりの還付が受けられます。

新郎の所得税の税率が5％なら、38万円×5％＝1万9０００円。税率が10％なら38万円×10％＝3万8０００円をお返ししますよ。

第38話

パパの引退準備

年金と税金

「65歳になれば年金がもらえるんだな」

「ええ、もうすぐそんな年なのねえ」

「その頃になれば、凸凹生命の個人年金も入るようになるし……そろそろ引退かな」

「お店はまだ続けるんでしょ」

「まあ、趣味程度に、ぼちぼちやっていくか」

田中さんちのパパとママ。学生時代からバーテンダーにあこがれていたパパは、10数年前に脱サラして、いまはスナックのマスターに納まっています。そんなパパも、そろそろ年金をもらう年齢になりました。

学校を出てからずっと、サラリーマン時代は厚生年金、脱サラしてからも国民年金の保険料を払い続けてきました。生命保険会社の個人年金も掛けています。

田中さんもいずれは年金生活が中心となりますね。さてここでも、われら〝税金〟の出番があります。障害年金や遺族年金など非課税のものを除き、通常、年金には所得税がかかります。

●年金は雑所得

所得は、事業所得、給与所得など10種類に分類されますが、年金や恩給は「雑所得」です。これはさらに「公的年金」と「私的年金」に区別され、前者は社会保険や共済制度で支給されるもの、後者は生命保険会社などから支払われるものという違いです。

いずれの年金かで、所得計算の仕方が違ってきます。

●公的年金はきめ細かく源泉徴収

まず公的年金の場合、年金支給のつど原則として所得税が源泉徴収されます。この源泉徴収は、給料と同じようにきめ細かく行われ、配偶者控除、扶養控除、障害者控除などを考慮して、税額が計算されています。

給与所得のように最後に年末調整があれば、おんぶに抱っこで楽なのですが、残念ながらそれはなし。面倒でもお一人ずつ、確定申告していただかねばなりません。

なお、公的年金の年間収入が合計400万円以下で、その他の所得が年間20万円以下なら、確定申告をしなくてもかまいません。ただしその場合、住民税がかかるような市役所等へ住民税の申告が必要です。

公的年金には公的年金等控除額

公的年金の所得計算では、「公的年金等控除額」というのがあります。ちょうど、サラリーマンの「給与所得控除額」にあたるもので、年齢が65歳以上かどうかで控除額が違ってきます。

公的年金等控除額を差し引いた〝年金所得〟の金額は、下表の速算表で求めます。

〈公的年金所得の速算表（65歳以上)〉

公的年金等の収入金額	割　合	控　除　額
330万円未満	—	110万円
330万円以上　410万円未満	75%	27万5,000円
410万円以上　770万円未満	85%	68万5,000円
770万円以上 1,000万円未満	95%	145万5,000円
1,000万円以上	100%	195万5,000円

（注）公的年金以外の所得の合計額が1,000万円以下の場合の速算表です。
1,000万円超の場合は、別の表を用意しています。

確定申告で過不足の税額を精算

たとえば、65歳以上で年金を420万円受け取れば、年金所得の計算はこうします。

420万円×85%－68万5000円＝288万5000円

収入が420万円で、所得が288万5000円ということは、差引きで公的年金等控除額は131万5000円。収入金額の3割強（131万5000円÷420万円≒31%）が必要経費、という計算になります。

もし収入が200万円の人なら、年金所得は200万円－110万円＝90万円で、必要経費率は110万円÷200万円＝55%です。

さて、年金所得の金額が求まれば、あとは通常の所得税計算とまったく同じやり方です。社会保険料控除、配偶者控除、基礎控除などの所得控除額をここからマイナスし、求められた課税所得金額に対する税額を計算します。源泉徴収額と比べて、その税額が不足なら追徴、オーバーしていれば還付です。

繰上げ受給と繰下げ受給

「ねえ、65歳より前でも、60歳になれば年金ってもらえるらしいわよ」

「ん、本当か、そりゃいいな」

「でもそれだと、もらえる金額がうんと少なくなって、むしろ70歳とか75歳になってからもらう方が有利なんだって」

「ふーん、どうすりゃいいんだろう」

田中さんのママが仰ってるのは、繰上げと繰下げ受給の話ですね。老齢基礎・厚生年金の受給開始は、原則として満65歳からです。ただし例外が2つあって、まずその1は〝繰上げ受給〟——手続きをして、60歳から65歳の間からもらうことができます。ただしその場合、正規に65歳からもらう場合よりも受取り額が減ります。減った金額がずっと、生涯付きまとうことをご承知おきください。

先ほどかかげた年金所得の速算表には、下表のように「65歳未満」用のものも用意されています。

〈公的年金所得の速算表（65歳未満)〉

公的年金等の収入金額	割合	控除額
130万円未満	—	60万円
130万円以上　410万円未満	75%	27万5,000円
410万円以上　770万円未満	85%	68万5,000円
770万円以上 1,000万円未満	95%	145万5,000円
1,000万円以上	100%	195万5,000円

（注）公的年金以外の所得の合計額が1,000万円以下の場合の速算表です。
1,000万円超の場合は、別の表を用意しています。

繰下げ受給で支給額が最高84％増加

次に、例外その2は〝繰下げ受給〟です。受給開始を66歳以上75歳までに先延ばしすることもできます。この場合、当然に受給額は増加します。70歳からにすれば42％増、75歳からと10年先延ばしすれば、実に84％も多くもらえます。しかも、生涯その増額割合が保証されます。国としては社会保障費をセーブする観点から、しきりに繰下げ受給を進めていますが、果たしていかほどの人がそれを選択しているのか。直近のデータでは次のようになっています。

繰上げを選択している人：国民年金受給者の27・0％、厚生年金受給者の0・6％
繰下げを選択している人：国民年金受給者の1・8％、厚生年金受給者の1・2％

国民年金の受給者で、60歳からに繰り上げている人が目立ちます。人生100年時代を考慮すれば、国が推奨する繰下げ受給で、最高84％の増加を選択するのが有利ではと考えますが、まだまだ国のＰＲが不十分なようです。

私的年金には一定額まで源泉徴収なし

公的年金以外の、個人年金など生命保険会社等から受け取る年金で、所得金額が25万円未満の場合は源泉徴収されません。源泉徴収の有無にかかわらず、すべて確定申告で税金を納めていただきます。その際、公的年金等控除額の適用はなく、所得金額は次の算式で計算します。

支給金額－対応する払込保険料＝年金所得

払込保険料の金額は、年末か年明けに保険会社などから届く「支払通知書」を見ればわかります。

確定申告しなければ権利放棄

サラリーマンと違って、年金生活者には年末調整がありません。各自、確定申告することになっています。実際に計算してみれば、源泉徴収額が多すぎて確定申告すれば税金が戻る、というケースが多々あります。

国税庁ホームページでは、解説動画を流したり申告書記入例を示したりと、いろいろサービスに努めています。しかしそれでも、申告不要制度をたてに面倒がって申告せず、権利放棄となっている状態が多くみられる現実に、われら〝税金〟は頭を痛めています。

公的年金の扱い、これでいいのか

昔、昭和の時代、公的年金は雑所得ではなく給与所得とされていました。サラリーマン並みに年末調整をしてくれるので、ほかに所得のある人は別として、お年寄りは確定申告などしなくて済んでいました。

昭和63年の税制改正で現在の姿になりました。申告不要制度が設けられてはいるものの、原則論としてお年寄りに確定申告を強いる現在の取扱いが果たして妥当なのか、e-Tax（電子申告）の時代から取り残され、混雑する申告会場に足を運ぶのはおっくうなお年寄りにどう寄り添うか……加速化する高齢化時代に向かって、再検討しなければならない課題だと思っています。

第39話 パパとママの老後

福祉と税金

「ねえ、私たちの老後って、どうなるのかしら」

「うーん、オレが死んだらこの家売って、老人ホームにでも入ればいいじゃないか」

「そうねえ、子どもの世話にはなりたくないし……」

「しかし、老後の税金はどうなるんだろう。年金とか、ずっと税金がかかるんだろうか」

長年ご苦労さまでした、老後を安泰に……の思いを込めて、われら〝税金〟もご老人にはやさしく接しています。

公的年金だけなら大半が非課税

65歳を過ぎれば、会社勤めを終えて多くの人が年金生活に入ると思います。年金って皆さん、どのぐらいもらっているでしょうか。厚生労働省のしらべでは、平均して国民年金が年70万円、厚生年金が年１８０万円といったところです。

前回（第38話）お話したように、公的年金所得の計算では、65歳以上で支給額が年３３０万円以下の人なら、１１０万円の「公的年金等控除額」があります。ということは、国民年金の人は所得金額が『０』なので、公的年金に税金はかかりません。

厚生年金なら、次のような計算です。

１８０万円《年金収入》－１１０万円《公的年金等控除額》－48万円《基礎控除》＝22万円

課税所得がプラス、と思いきや、誰でももう一つ控除があります。「社会保険料控除」です。健康保険料（75歳以上の人は後期高齢者医療保険料）と介護保険料、この２つの支払いは一生付きまといます。

そこそこの年金をもらっている人なら、２つ合計で年二十数万円は下らないでしょう。ということは、課税所得金額が『０』なので、やはり公的年金に税金はかかりません。

多額の厚生年金を受給していても税負担は僅少

定年まで上場企業を勤め上げた人なら、厚生年金が300万円近くあるかも知れません。仮に280万円あったとすれば、税金はいかほどになるか計算してみましょう。

280万円《年金収入》－110万円《公的年金等控除額》－48万円《基礎控除》＝122万円

課税所得がとりあえず122万円です。ここから数十万円の社会保険料控除、生命保険料控除、地震保険料控除、配偶者控除、扶養控除、基礎控除……と差し引いていけば、最後に残るのは多くて数十万円止まりでしょうね。そうなると、所得税が5・105％（復興特別所得税を含む）、住民税は10％ですから、納める税金は10万円以下ではないでしょうか。

源泉分離課税のものは申告不要

いまや65歳以上でも、再就職で給与所得のある人も珍しくありません。あるいは不動産所得や事業所得のある人は、それに対する税金はかかります。

なお、源泉分離課税のものは合計所得に含みませんから、次のようなものは合計所得の計算に入れなくてけっこうです。

① 利子所得
② 配当所得

③　特定口座（源泉徴収あり）の株式譲渡所得

（注）②と③は申告不要制度を選択したものに限ります。

扶養親族の控除も割増し

あと、わたしどもは奥さんについても配慮しています。配偶者に限らず扶養親族が満『70歳』以上の老人なら、控除額が次のとおり割増しになります（第12話・第13話参照）。

〈配偶者控除〉（合計所得金額が900万円以下の場合）

（一般）38万円　⇩　（老人）48万円

〈扶養控除〉

（一般）38万円　⇩　（同居直系老人）58万円

（その他の老人）48万円

障害者にも配慮

ついでの話ですが、わが日本は福祉国家……を目指しています。老人のほか障害者にも、われら税金、微力ながらお力添えしたいと願っています。

まず、障害者に支給される障害者年金は、全額非課税です。また、所得控除として「障害者控除」を用意しています。納税者本人、生計を一にする合計所得金額48万円以下の配偶者または扶養親族の中に障害者がいれば、障害の程度によって次の金額がマイナスされます（第17話参照）。

一般の障害者…………27万円
特別障害者……………40万円
同居特別障害者………75万円

ここで特別障害者とは、「身体障害者手帳」で1級または2級、あるいは「精神障害者保健福祉手帳」で1級と認定された人などをいいます。

同居の障害者は割増し

また、配偶者や扶養親族で同居する障害者がいれば、控除額は次のようになります。

配偶者控除（扶養控除）38万円＋同居特別障害者控除75万円＝113万円

さらに、老人（70歳以上）が扶養親族のときは、別枠で割増しの控除があります。そこでたとえば、寝たきり老人の親を扶養する場合、次の計算により所得控除の総額が133万円にもなります。

同居直系老人扶養控除58万円＋同居特別障害者控除75万円＝133万円

なお、同居直系老人には配偶者の親も含まれます。正確には〝直系〟ではないのですが、拡大解釈で配偶者の親御さんを引き取って同居する場合にも、この『133万円』の控除を適用できます。

相続税や贈与税も配慮

相続税の計算をする際、相続人が障害者であるとき、その人が85歳になるまで、1年あたり『10万円』（特別障害者は『20万円』）で計算した金額が、相続税額から控除されます。障害者ご本人から控除しきれない金額は、その扶養義務者たる相続人の納税額から控除できます。

また、特別障害者を抱えた親が、その子の手にお金が渡るよう〝特別障害者扶養信託〟を設定した場合、『6000万円』まで贈与税を非課税とする扱いも設けています。

第40話

初孫はお腹の中

これからの税制

「おめでとう!」

「私たちも、おじいちゃん、おばあちゃんなのね」

田中さんちのツヨシくんに二世が誕生。初孫なので、パパとママの喜びもひとしおです。

「男かな、女かな。まあ、どっちでもいいか」

「そうよね、丈夫にさえ生まれてくれたら……」

「それにしても……この子たちの将来は、どうなるんだろう。もっと暮らしよい世の中になるかなあ」

「21世紀中には、税金なんてなくなるかしら」
「お、そうなれば、楽になるなあ」

税金は公的サービス提供の原資

アメリカ西部開拓史の時代、ならず者から町を守るため、人々はお金を出し合って砦を築き、保安官を雇いました。田中さん、税金とは本来そうしたものですよ。日本の封建時代の年貢のように、お上に召し上げられるものではありません。自分たちの生活を守り、その質を向上させるために必要なお金を皆で出し合う、それが税金です。

道路や橋などのインフラ整備、教育、福祉、医療など、充実した公的サービスを受けるためには、その財源が必要です。社会が存続するかぎり税金はなくならないし、今後ますます税金の役割は重要になっていくでしょう。

社会の維持発展のための会費

税金は、上納金ではなく国に預けているお金ですから、その使途には、もっともっと目を光らせてしかるべし。無駄づかいもさることながら、なかには、税金を食い物にしようとする輩《やから》もいます。それがため、バカらしい、ごまかしてしまえ、と脱税が起きたりするのです。税金泥棒は厳しく糾弾し、社会からつまみ出してしまいましょう。
われら〝税金〟は、けっして皆さんから好かれる存在ではないと、それは重々承知していま
す。でも、社会の維持発展のために皆で出し合う〝会費〟と割り切って、やむをえない存在と
認知してください。
「しょうがないから、払うか」という、あきらめの気持ちにさせるための法律が税法です。周
りの人はみんな負担してるんだから、そのぐらいは払ってください、と嫌われ者とすれば、た
だひたすらお願いするしかありません。

広く公平に負担

公平・中立・簡素、これが税の基本原則です。同一世代間で公平に税を負担するとともに、異なる世代の間でも負担の公平が保たれているか。さらに、それぞれの世代の受益と負担のバランスが保たれているかどうか、という問題も考えなければなりません。

公的サービスを賄うのに必要な財源を、現在の世代が負担せず国債に依存すれば、世代間の公平が損なわれます。そうした財政面のことも含めて、税制はまず〝公平〟でなければなりません。

3原則を守って今後の税制を考える

また、税制が経済活動の足を引っ張ってはなりません。われら税金は、できるだけ控えめであるべきです。個人や企業の経済活動の選択をゆがめないよう、あくまで〝中立〟の立場を保つべきものと自覚しています。

さらに、もうひとつ大事なことは、皆さんに納得して（あきらめて？）納税していただくために、税制のしくみをできるだけ〝簡素〟なものにすることです。

以上の3要素は、常にすべてが同時に満たされるものではありません。でも、この3つの基本原則を堅持しつつ、今後の税制を考えていかなければなりません。

少子・高齢化の進展で消費税の重要性が増す

「所得課税」・「消費課税」・「資産課税」――これが税の三本柱です。かつては所得課税が税体系の中心を占めていました。しかし、平成元年に3％の税率で導入された〝消費税〟が、その後、5％、8％、10％と存在感を増してきています。国税収入の合計額は60兆円強ですが、いまや消費税収がその3分の1を占めます。今後のさらなる税率引上げで、そのウエイトがますます高まっていくのは必至です。

わが国社会は少子・高齢化が急速に進んでいます。厚生労働省の外郭団体による直近のデータでは、今から50年後に総人口が現在の7割（８７００万人）に減少し、65歳以上人口の割合が4割を占めるようになるとのことです。また、来世紀の初頭には総人口が５０００万人を割り込む、という試算も目にします。

そういう中で、勤労世代だけに過度の税負担を求めることは望ましくありません。あらゆる世代に広く公平に負担を求めることができるのは消費税です。

また、ライフサイクルの一時期に負担が大きく偏らない、税収が景気変動の影響を受けにくいという特徴もあって、消費税率の引上げ問題は、今後避けられない課題と考えられます。

年金税制の見直し

それから、田中さんの世代にとって耳の痛い話ですが、年金税制も大幅に見直す時期が遠からず来るでしょう。とくに公的年金については、支払う保険料の全額に「社会保険料控除」、受給する年金には「公的年金等控除」が適用され、ほとんどが課税対象から除かれています。

高齢化の進展で年金受給者が増加し、手厚い社会保障のもと年金支給の総額が増大していきます。企業年金も含めて、公平・中立・簡素の観点から、拠出・運用・給付を通じた負担の適正化に向けて、見直しがなされるべきと考えます。

相続・贈与税制の見直し

2人以上世帯の平均貯蓄残高（有価証券・保険を含む）は、1901万円とのことです（第7話参照）。そのうち満65歳以上の高齢者世帯の平均残高が2400万円――つまり若者世帯の残高は、大半が1000万円あるやなしや……。

急速に進む少子高齢化社会、また、わが国経済の活性化のため消費を喚起するうえで、高齢者のお金が50代以下の方たちに、もっと渡る社会とすべきです。その際に立ちはだかるのが、〝贈与税〟の存在です。

一方、金融資産の世代間移転は必要ですが、そうかといって野放図に贈与を認めると、資産家の相続税減らしにつながります。相続・贈与税制をどのような体系とするか。2つの対策のバランスをどう図るか。わたしどもは現在、次のように考えています（第2話参照）。

① 年間110万円の基礎控除を利用した贈与を規制する。

② 相続時精算課税制度を推奨すべく、こちらにも令和6年1月から110万円の基礎控除を設ける。

届出をして精算課税制度を選択していただき、今後、年間110万円を超える贈与をしたときは、110万円を超える部分を相続財産に加えていただきます。

要するに、通常の暦年課税から相続時精算課税制度に移行していただき、ゆくゆくは精算課税制度に一本化するのが狙いです。

若い世代こそ税金に目を向けて

さて、田中さんご夫妻もさることながら、ツヨシくんとそのジュニアには、これからますます税に関心を寄せていただきたいと思います。自分たちが暮らしていく、これからの21世紀……。

誰しも快適な日常生活を送り、充実した教育、医療、福祉を受けることを願っているはず。でも、そのためには財源として、皆がお金を出し合わねばなりません。応分の会費負担をいとわず、でも負担するからには使途に注目し、税金泥棒がはびこらないよう十分に目を光らせましょう。われら〝税金〟は、皆さんのお役に立ちたいと願っています。

〈著者紹介〉

鈴木《すずき》　基史《もとふみ》
公認会計士・税理士
神戸大学経営学部卒業
平成15～17年　税理士試験委員
平成21～24年　公認会計士試験委員（租税法）
著　書　「法人税申告書作成ゼミナール」「法人税申告の実務」「根拠法令から見た法人税申告書」「消費税申告書作成ゼミナール」「鈴木基史のキーワード法人税法」「相続税・贈与税の実践アドバイス」（以上　清文社）、「最新法人税法」「条文で学ぶ法人税申告書の書き方」（以上　中央経済社）、「やさしい法人税」（税務経理協会）他
事務所　大阪市北区中之島5-3-68
リーガロイヤルホテル1453号室

わたしは税金《ぜいきん》
―ゆりかごから墓場《はかば》までの人生にまつわる税金ものがたり―

2023年10月20日　発行

著　者　鈴木《すずき》　基史《もとふみ》 ©

発行者　小泉　定裕

発行所　株式会社　清文社
東京都文京区小石川１丁目３-25（小石川大国ビル）
〒112-0002　電話 03(4332)1375　FAX 03(4332)1376
大阪市北区天神橋２丁目北2-6（大和南森町ビル）
〒530-0041　電話 06(6135)4050　FAX 06(6135)4059
URL https://www.skattsei.co.jp/

印刷：亜細亜印刷㈱

■本書の内容に関するお問い合わせは編集部までFAX(06-6135-4056)またはメール edit-w@skattsei.co.jp でお願いします。
■本書の追録情報等は、当社ホームページ（https://www.skattsei.co.jp）をご覧ください。

ISBN978-4-433-73933-1